KONFUZIUS · GESPRÄCHE

Universal Bibliothek

PHILOSOPHIE
GESCHICHTE · KULTURGESCHICHTE

Konfuzius

GESPRÄCHE (LUN-YU)

1988

Verlag Philipp Reclam jun. Leipzig

Aus dem Chinesischen
Übersetzt und herausgegeben von Ralf Moritz

ISBN 3-379-00004-3

Reclams Universal-Bibliothek Band 888
4. Auflage
Umschlaggestaltung: Friederike Pondelik unter
Verwendung eines Porträts von Konfuzius
Lizenz-Nr. 363. 340/5/88 · LSV 0116 · Vbg. 9,5
Printed in the German Democratic Republic
Grafischer Großbetrieb Völkerfreundschaft Dresden
Gesetzt aus Garamond-Antiqua
Bestellnummer: 660 993 8
00200

Einleitung

Konfuzius' Rolle in der Geschichte des chinesischen Denkens ist einzigartig. Seine Wirkungen reichen über eine Zeitspanne von mehr als zwei Jahrtausenden, und sein Name war ein Symbol für die kulturelle Einheit des alten China wie für die einmalige Kontinuität seines geistigen Lebens.

Dabei war Konfuzius zu seinen Lebzeiten erfolglos. Erst Jahrhunderte nach seinem Tode wurde die Lehre, die mit seinem Namen verbunden war, zur herrschenden Ideologie des chinesischen Kaiserreichs.

Mit dem Namen Konfuzius ist nämlich nicht nur eine ideologische Richtung, eine Art Philosophenschule, verbunden, sondern weit mehr: der Herrschaftsmechanismus im traditionellen Riesenreich China, eine bestimmte Art sozialer Beziehungen und gesellschaftlichen Umgangs. Es gibt nicht nur die geistige Wirkungsgeschichte des Konfuzius, sondern auch eine praktisch-soziale. Über Jahrhunderte hinweg haben sich viele Generationen chinesischer Gelehrter immer wieder den konfuzianischen Texten zugewandt, haben sie gelernt, studiert, kommentiert, haben mit dem Wissen um diese Texte Prüfungen abgelegt, sind Beamte geworden, haben Macht erhalten. Im Namen des Konfuzius wurde regiert, aber ebenso wurde in seinem Namen widersprochen, unter Berufung auf ihn opponiert.

Konfuzius' Lehre ist nicht mit dem späteren Konfuzianismus identisch. Da gibt es Kontinuität wie Diskontinuität, Konstanz wie Variabilität. Die Lehre des Konfuzius ist nicht Konfuzianismus schlechthin, sie steht aber an seinem Beginn. Damit steht Konfuzius am Anfang einer sehr langlebigen Tradition. Seine Ideen sind ein konstitutives Element des chinesischen Denkens, das über fünfundzwanzig Jahrhunderte hinweg bis in die Gegenwart hinein wirkt; freilich um den Preis einer sehr pragmatischen Interpretation. Man wollte weniger herausfinden, was er wirklich dachte, als daß man ihn nutzbar zu machen suchte für jeweils aktuelle Interessen.[1]

Uns geht es um das produktive Verhältnis, die historische

Wertung. Dabei gilt es, auch Konfuzius als Gegenstand neu zu entdecken. Es kommt darauf an, die Lehre des Konfuzius mit den Methoden der materialistischen Geschichtsbetrachtung aus den historischen Bedingungen seiner Zeit heraus zu erklären und auf dieser Grundlage die verschiedenen, zum Teil widersprüchlichen Elemente dieser Ideologie in einen richtigen Gesamtzusammenhang zu bringen. Das ist zugleich Voraussetzung, um schrittweise zu einer umfassenden wissenschaftlichen Bewertung der Rolle des Konfuzius und seiner Ideen in der chinesischen Gesellschaft zu kommen.

Mit Konfuzius beginnt das systematische, zusammenhängende, diskursive Denken in China. Seine Ideen dokumentieren einen „Sprung" des chinesischen Denkens, einen „Sprung" ins Rationale. Von daher bieten sie interessante und wichtige Ansätze für vergleichende Studien, für das tiefere Erfassen der Entwicklungsgesetzmäßigkeiten der menschlichen Erkenntnis insgesamt sowie der Art und Weise, mit der sozialökonomische Bedingungen das Wirken dieser Gesetzmäßigkeiten bestimmen.

Nicht zuletzt liegt die fortwährende Bedeutung des Konfuzius darin, daß er eine bestimmte Art von Gesellschaftsutopie entwickelt hat. Es handelt sich um den Entwurf einer Gesellschaft, in der es zwar Herrscher und Beherrschte gibt, in der aber soziale Widersprüche beseitigt, in Harmonie aufgelöst werden sollen — einer der unzähligen Versuche, das Bild einer besseren, einer idealen Gesellschaft zu verwirklichen.

Für die Einordnung des Konfuzius in die Geschichte des menschlichen Denkens ist wichtig: Er war ein Zeitgenosse des Pythagoras (etwa 580—500 v. u. Z.) und des Heraklit (etwa 544—483 v. u. Z.). Konfuzius starb etwa fünfzig Jahre vor Platos (428 v. u. Z.) und etwa hundert Jahre vor Aristoteles' Geburt (384 v. u. Z.).

Über eine authentische Konfuzius-Biographie verfügen wir nicht. Zwar liegt uns die Konfuzius-Biographie des Si-ma Qian vor, der als „Vater der chinesischen Geschichtsschreibung" und als „Herodot des alten China" in die Geschichte eingegangen ist; aber da sie etwa vierhundert Jahre nach Konfuzius entstanden ist, können Geschehenes und Erdichtetes darin schwer unterschieden werden.

Die chinesische Namensform von Konfuzius ist Kong Qiu, er trug den Beinamen Zhong-ni. Später wurde er „Meister Kong", „Kong-zi" oder „Kong-fu-zi" genannt. Der Name Kong-fu-zi wurde schließlich im 17. Jahrhundert von Jesuiten-Patres zu Confucius (Konfuzius) latinisiert. Unter diesem Namen wurde er in Europa bekannt. Deshalb haben wir uns in der vorliegenden Publikation zum Gebrauch der latinisierten Form entschlossen.
Im allgemeinen wird davon ausgegangen, daß Konfuzius im Jahre 551 v. u. Z. im Teilstaat Lu — im Südwesten der heutigen Provinz Shandong gelegen — geboren wurde. Er war Sproß des niederen Adels, einer verarmten Aristokratenfamilie. Mit der späteren kultischen Verehrung des Konfuzius wurde seine Geburt nachträglich zu einem wundersamen Ereignis verherrlicht, als habe der Himmel selbst dieses Wunderkind in einem Akt besonderer Gnade seinen tugendhaften Eltern und mit ihm dem ganzen China geschenkt.[2] Durch allerlei Legenden sollte Konfuzius als der große Tugendlehrer der Welt erscheinen, der unmittelbar mit dem Himmel im Bunde steht. Die Beziehung zur traditionellen Vorstellung von China als dem Zentrum der Welt, als dem Weltreich, der Ökumene schlechthin, ist offenkundig.
Vom Vater des Konfuzius heißt es, er habe sich im Alter von siebzig Jahren eine neue, blutjunge Frau genommen — in der Hoffnung, sie werde ihm einen Sohn schenken. Seine bisherige Frau hatte nur Töchter zur Welt gebracht. Zwar hatte ihm eine Nebenfrau einen Sohn geboren, dieser war jedoch ein Krüppel. Damit der Wunsch ihres immerhin schon betagten Mannes in Erfüllung gehe, erbat die neue Frau den Beistand der Geister, die in den Bergen und Flüssen wohnen sollten. Sie begab sich aus diesem Grunde zu dem in der Umgebung gelegenen Berg Ni Qiu, der allgemein besucht wurde, um Kindersegen zu erbitten. Der Wunsch ging in Erfüllung, ein Sohn wurde geboren. Sein Name soll gebildet worden sein, indem zum Familiennamen Kong die Silbe Qiu aus dem Namen des genannten Berges hinzugesetzt wurde. Ni von Ni Qiu ging in den Beinamen Zhong-ni ein, wobei Zhong „der Zweitgeborene" bedeutet.
Konfuzius wuchs in armen Verhältnissen auf, er war gerade zwei Jahre alt, als sein Vater starb. Erwachsen geworden, bekleidete er zunächst einige bescheidene Verwaltungsposten

im Staate Lu. So soll er „wei li", Aufseher über die Getreidespeicher eines Bezirkes, und „sheng tian li", Aufseher öffentlicher Weiden, gewesen sein. Später war er — nicht zuletzt wegen seiner Beschlagenheit in allen traditionellen Kultangelegenheiten, Riten und Zeremonien, in den althergebrachten Formen des Umgangs — als Lehrer tätig.
Auf einer angeblichen Wallfahrt in die Kaiserstadt Luo-yang, die Hauptstadt des Reichs, soll er mit dem legendären Lao-zi (Lao-tse, der „alte Meister") zusammengetroffen sein. Dieser wird von den Daoisten als der Begründer ihrer Lehre betrachtet. Die Begegnung ist jedoch sehr umstritten. Sollte es wirklich ein derartiges Zusammentreffen gegeben haben, so war das jedenfalls kein Treffen mit dem Verfasser des „Daode-jing"[3], denn dieses Werk ist sehr wahrscheinlich erst später entstanden. Anzunehmen ist, daß es sich hierbei um eine Legende der späteren Daoisten handelt, um den Daoismus gegenüber Konfuzius und dem Konfuzianismus aufzuwerten.
Die Überlieferung berichtet, daß 517 v. u. Z. Zhao-gong, der machtlose Herrscher von Lu, dem Heimatstaat des Konfuzius, im Zusammenhang mit politischen Wirren in den Staat Qi floh. Konfuzius soll ihm gefolgt sein — das entsprach seiner politischen und moralischen Haltung, seinem Eintreten für bisher gültige Ordnungsprinzipien, für bisher gültige Ansprüche auf Ämter und Würden. Später kehrte Konfuzius nach Lu zurück. Über die nun folgende Zeit heißt es bei Si-ma Qian[4], er habe zurückgezogen gelebt, sich weiter der Lehrtätigkeit gewidmet und klassische Schriften geordnet. Schließlich sei er Statthalter eines Ortes Namens Zhongdu gewesen. Jetzt habe er erstmals die Gelegenheit gehabt, seine Vorstellungen in die Praxis umzusetzen. Die Legende berichtet von einer musterhaften Amtsführung, durch die er große Popularität gewonnen haben soll. Aufgrund seiner Erfolge soll er danach zu einer Art Arbeitsminister von Lu (si-kong, Leiter der öffentlichen Arbeiten) ernannt worden sein. Dabei gehörte es unter anderem zu seinen Aufgaben, die vier Jahreszeiten ausrufen zu lassen. Anschließend sei er oberster Justizbeamter von Lu (da si-kou) gewesen. Ob er dieses Amt wirklich innehatte, bleibt zweifelhaft. Schließlich fand — so berichtet die Legende — seine Tätigkeit in Lu ein ziemlich abruptes Ende. Es soll sich folgendes zugetragen haben: Der Herrscher von

Qi war über die Erfolge des Staates Lu sehr beunruhigt. Er beschloß einen teuflischen Plan, nämlich den einer moralischen Zersetzung, einer „Aufweichung" des Staates Lu von innen. Er schickte achtzig schöne Tänzerinnen, lüsterne Weiber, wie es heißt, und machte sie dessen Herrscher zum Geschenk. Konfuzius, der vor diesem Danaergeschenk warnte, fand kein Gehör. Da die Bemühungen des Konfuzius, dem Verfall der Sitten entgegenzuwirken, vergeblich waren, nahm er seinen Abschied. Es begannen nun dreizehn Jahre der Wanderschaft durch verschiedene Teilstaaten Chinas, immer vergeblich auf der Suche nach einem Herrscher, der bereit gewesen wäre, die Vorstellungen des Konfuzius in der praktischen Politik zu verwirklichen. Im Laufe der Jahre wurde das Gefühl der Erfolglosigkeit immer belastender. Die letzten Jahre habe er sich schließlich — so heißt es — wieder in seiner Heimat Lu aufgehalten, wo sich sein Leben im Jahre 479 v. u. Z. vollendet haben soll.

Konfuzius hatte als erster in der Geschichte des chinesischen Denkens eine Art Schule gegründet: Er begründete damit in China das in Schulen mehr oder minder „organisierte" Denken. Unklar ist, wieviel direkte Schüler Konfuzius gehabt hat. Es gibt die Zahl 3000. Diese Angabe ist wohl kaum zuverlässig. Daneben ist von 72 die Rede. Aber auch hier sind Zweifel angebracht, denn es handelt sich bei dieser Zahl um ein mystisches Symbol in der Geisteswelt des alten China.[5] Hinzu kommt, daß die Zahl 72 der Zahl der Lebensjahre des Konfuzius entspricht. In den „Gesprächen", mit denen wir es hier zu tun haben, treten zweiundzwanzig Schüler auf. Nach dem Tode des Konfuzius sollen seine Schüler drei Jahre lang an seinem Grab getrauert haben; damit wird offenbar auf die dreijährige Trauerzeit angespielt, die Kindern beim Tode ihrer Eltern vorgeschrieben war. Es heißt, die Schüler hätten so geweint und geschluchzt, daß ihnen sogar die Stimme weggeblieben sei. Einer von ihnen — Zi-gong — habe noch weitere drei Jahre am Grabe des Meisters geweint und meditiert. In dem altkonfuzianischen Buch „Meng-zi"[6] wird berichtet, daß die Schüler nach dem Tode des Meisters beschließen wollten, einem der Ihren — dem You Ruo — ob seiner äußeren Ähnlichkeit mit Konfuzius die gleichen Ehren zu erweisen, die sie bisher ihm erwiesen hatten. Doch der Schüler Zeng-zi soll sich dagegen gewandt haben mit dem Hinweis, daß solcherart Vorhaben ungehörig wäre und daß der Meister durch niemanden ersetzt werden könne.

Zu Lebzeiten des Konfuzius befand sich ein bestimmter Typ von gesellschaftlicher Ordnung, der bislang in China geherrscht hatte, im Stadium des Verfalls. Es hat viele wissenschaftliche Diskussionen darüber gegeben, wie diese Art gesellschaftlicher Struktur einzuordnen ist. Wir wollen uns hier dieser Diskussion nicht anschließen, sondern lediglich darauf verweisen, daß sie oft — in Anlehnung an einen Gedanken von Marx — als „asiatische Produktionsweise" bezeichnet wird.[7] Dabei geht es wohl weniger um den Terminus als um den Inhalt, um das Wesen dieser gesellschaftlichen Ordnung. Im allgemeinen wird davon ausgegangen, daß sie in China etwa seit dem 16. Jahrhundert v. u. Z. (Beginn der sogenannten Shang-Dynastie) bestand. Sie setzte sich in der nachfolgenden Dynastie der Zhou fort, die seit dem 11. Jahrhundert v. u. Z. herrschte.
In der zweiten Phase der Herrschaft dieser Dynastie (der sogenannten Östlichen Zhou-Zeit) vollzog sich der Verfall dieser Ordnung. Er setzte etwa im 8. Jahrhundert v. u. Z. ein und war im Prinzip im 4. Jahrhundert v. u. Z. abgeschlossen. Konfuzius, der um die Wende vom 6. zum 5. Jahrhundert v. u. Z. lebte, wurde mit diesem Entwicklungsprozeß konfrontiert.
Die „asiatische Produktionsweise" in China war dadurch gekennzeichnet, daß es noch kein massenhaftes Privateigentum an Grund und Boden — dem Hauptproduktionsmittel — gab. Der gesamte Boden war nominell Eigentum des Königs (des „wang"). Es bestand also ein faktisches Gesamteigentum an Boden, das kein Gemeineigentum mehr war. Historisch gesehen handelt es sich um eine Zwischenstufe zwischen der Existenz des Gemeineigentums und der Herausbildung massenhaften privaten Grundbesitzes. Der König verteilte das Land — mit Ausnahme der sogenannten Königsdomäne — an seine Söhne und Brüder, an seine nächsten Verwandten. Das waren die „Fürsten". Diese verfuhren analog: Einen Teil des

ihnen zugedachten Landes behielten sie als ihre Domäne und ließen ihn selbst von Bauern bestellen, der größere Teil fiel wieder unmittelbaren Verwandten zu, die sich ebenfalls nach diesem Schema verhielten. Sie waren im allgemeinen hohe Beamte der Administration (qing und da fu). Die niederen Beamten (oder — was in diesem Fall das gleiche ist — der niedere Adel, die shi) gaben den Boden den Bauern, oder sie bestellten einen Teil des ihnen übergebenen Bodens selbst. Dabei blieb stets der König nominell Eigentümer des gesamten Bodens. Wir sprechen von einem System des bedingten Landbesitzes, einem System von „Belehnungen". Für die Stellung in diesem System waren blutsverwandtschaftliche Beziehungen entscheidend, letztlich die verwandtschaftliche Nähe zum Herrscher. Hiervon leitete sich mit der ökonomischen auch die soziale Stellung in der Gesellschaft ab. Der, welcher „belehnt" wurde, mußte zur Aristokratie gehören. Die Aristokraten hatten dabei auch die Verwaltung in ihren Händen; soweit sie unterhalb der Ebene der „Herzöge" („gong") beziehungsweise „Fürsten" („zhu-hou") standen, fungierten sie als Beamte. Die niederen Beamten bildeten dementsprechend den niederen Adel. Wir sprechen darum auch in bezug auf China von einer Beamtenaristokratie. Die Beamtenposten waren erblich. Das tragende Organisationsprinzip dieser Gesellschaft waren also die blutsverwandtschaftlichen Beziehungen.

Diese Gesellschaft war bereits eine Klassengesellschaft, wenngleich in einer unentwickelten Form. Sie war charakteristisch durch den Gegensatz zwischen der herrschenden Aristokratie und der Masse der unmittelbaren Produzenten, in erster Linie der Bauern. Es herrschten Verhältnisse der Ausbeutung. Die unmittelbaren Produzenten mußten für die Bedürfnisse der Aristokratie arbeiten; diese schöpfte das Mehrprodukt ab. Die Ausbeutung realisierte sich über ein System von Abgaben, Arbeits- und Dienstleistungen. Produktion und Aneignung vollzogen sich — darauf hat Felber nachdrücklich hingewiesen — unter „dem Schleier der großen Gemeinschaft". Alle Arbeit erscheint „als Arbeit für das in der Aristokratie repräsentierte Gemeinwesen".[8] Dabei wurde „dieser Schleier der großen Gemeinschaft" durch Zeremonien und Riten (li), jene Mischung von Herrschaftsmethoden, Religion, Moral und Umgangsformen, erheblich kultiviert. Die Zeremonien und Riten spielten eine große Rolle im gesellschaftlichen Leben jener

Zeit, als spirituelle Sanktionierung bestehender Herrschaftsstrukturen und Hierarchien.
Dieser Gesellschaft waren entwickelte Warenbeziehungen fremd. Auch die Austauschverhältnisse waren unentwickelt; es bestand kein innerer Markt. Der unabhängige Einzelhandwerker, den wir in späteren Zeiten antreffen, existierte noch nicht. Zwar gab es ein „höfisches" Handwerk, eine patriarchalische handwerkliche Produktion, aber die produzierte nicht für den Markt, sondern für die wachsenden Bedürfnisse der Aristokratie und in direkter Abhängigkeit von ihr.
Insgesamt gesehen handelte es sich um eine Gesellschaft, die in sich ziemlich geschlossen war, eine sehr geringe soziale Mobilität aufwies und durch eine eindeutige und direkte Linie der Subordinationen und hierarchischen Abstufungen vom König bis zu den Bauern gekennzeichnet war. Dabei konnte auf Grund der unentwickelten Warenbeziehungen auch der Mensch nicht massenweise zur Ware werden. So war auch Sklaverei nicht das Hauptproduktionsverhältnis dieser Gesellschaft, obgleich es Erscheinungen der Sklaverei (an den Höfen der Könige und Fürsten) gab. Friedrich Engels bemerkt zu dieser Problematik: „Und damit Sklavenarbeit die herrschende Produktionsweise einer ganzen Gesellschaft werde, braucht es eine noch weit höhere Steigerung der Produktion, des Handels und der Reichtumsansammlung. In den alten naturwüchsigen Gemeinwesen mit Gesamteigentum am Boden kommt Sklaverei entweder gar nicht vor oder spielt nur eine sehr untergeordnete Rolle."[9]
Mit der Auflösung dieser Gesellschaft begannen die bis dahin deutlichen Konturen der sozialen Subordination und der gesellschaftlichen Hierarchie allmählich zu verblassen. Diese Prozesse gingen von der unteren wie von der oberen Schicht der Gesellschaft aus. Ihre letzte Ursache lag im Aufschwung der gesellschaftlichen Produktivkräfte, der in seinen Auswirkungen schließlich zu einer Neuordnung der gesamten Eigentums- und Ausbeutungsverhältnisse führte.[10] Aber diese Entwicklung hatte zur Zeit des Konfuzius noch nicht ihren Höhepunkt erreicht. Zwar gab es zu seinen Lebzeiten schon eiserne Geräte, aber allgemein verbreitet waren sie noch nicht. Das war erst vom 4. Jahrhundert v. u. Z. an der Fall. Die Verwendung eiserner Geräte in Landwirtschaft und Handwerk, die dadurch mögliche intensivere Bearbeitung der Fel-

der, der Kanalbau, das Aufkommen neuer Produktionszweige, die Produktion größerer Mengen von Erzeugnissen und das Anwachsen des materiellen Reichtums — all das setzte in größerem Umfang erst nach Konfuzius ein. Aber zu seiner Zeit deutete die Entwicklung bereits darauf hin. Es vollzog sich eine stärkere Differenzierung und Aufgliederung des Handwerks, eine fortschreitende handwerkliche Arbeitsteilung, eine Vergrößerung und Differenzierung der Werkstätten des „höfischen" Handwerks, die zunehmende relative Verselbständigung der Handwerker. Wenn sich dies zu Konfuzius' Zeit im wesentlichen noch unter der oben beschriebenen patriarchalischen Hülle vollzog, so war die historische Tendenz schon absehbar — die Herausbildung einer Schicht privater Gewerbetreibender und einer Schicht selbständiger, von der Aristokratie unabhängiger Kaufleute und Handwerker. An Zi-gong, einem berühmten Schüler des Konfuzius, einem reichen Kaufmann, ist dieser Übergangsstatus ablesbar: Obwohl seine Tätigkeit als Kaufmann schon private Züge auswies, hing sie insgesamt doch noch unmittelbar mit der Aristokratie zusammen.[11] Auch auf dem Dorfe gewann das Handwerk einen größeren Stellenwert. Immer mehr Familien verwendeten einen größeren Teil ihrer Arbeitszeit für handwerkliche Tätigkeit. Es setzte die soziale Differenzierung des Dorfes ein, die schließlich zur Aussonderung einer nichtadligen Oberschicht in den Dorfkommunen, den dörflichen Gemeinwesen, führte. Vom 6. Jahrhundert v. u. Z. an ist immer mehr die Tendenz zur Einzelbewirtschaftung der Felder — an Stelle der überkommenen kollektiven Bewirtschaftung — erkennbar. Die Folge war, daß die privat bestellten Felder nunmehr besteuert wurden. Das geschah in China erstmalig im Teilstaat Lu, dem Heimatstaat des Konfuzius, im Jahre 594 v. u. Z. Diese Entwicklung führte zur Auflösung der bisherigen Form des Gesamteigentums an Grund und Boden und zur Entstehung des privaten Grundbesitzes. Mit der Zersetzung des bislang bestehenden, nach blutsverwandtschaftlichen Prinzipien geordneten, Systems des bedingten Landbesitzes wurde der Boden immer mehr der Aristokratie entzogen; er wurde gleichzeitig immer mehr zur Ware.

In Verbindung damit zerfiel die alte Ordnung von oben her. Die „Lehen" der „Fürsten" gewannen an Selbständigkeit, da sie in zunehmendem Maße ihren eigenen militärischen Schutz

selbst organisieren konnten. Sie bedurften für ihre militärische Sicherheit immer weniger der Macht des Zhou-Königs. Zugleich wollten Teile der Aristokratie nicht mehr nur vermittelt über das Königseigentum an Grund und Boden an der Ausbeutung beteiligt sein, sondern selbst uneingeschränkt und unvermittelt Ausbeutung betreiben. Zunehmend verweigerten sie dem Zhou-König die Tribute. Die zentrifugalen Kräfte im Zhou-Reich wuchsen an. Die „Lehen" der „Fürsten" wurden zu selbständigen politischen Einheiten, deren Herrscher sich zum Teil selbst König zu nennen begannen. Der Zhou-König hatte bald nur noch einen kleinen Landstrich zu regieren. Er wurde mehr und mehr zum Symbol, verkörperte jedoch kaum mehr reale Macht. Das Reich zerfiel in eine Vielzahl von Staaten: Yan, Qi, Song, Zheng, Wu, Yue, Chu, Jin, Qin und andere. Zu diesen Staaten gehörte auch Lu. Diese Staaten wiederum begannen ein wechselseitiges politisches und militärisches Kräftemessen, in dessen Verlauf sich sehr unterschiedliche und wechselhafte machtpolitische Konstellationen herausbildeten. Es setzte ein jahrhundertelanger Kampf ein. Sieger dieses Kampfes blieb — lange nach Konfuzius — der Staat Qin, der auf gewaltsam-militärische Weise 221 v. u. Z. das Reich wieder vereinte.
Die Zersetzung der alten gesellschaftlichen Ordnung war also unmittelbar verflochten mit dem Zerfall des Zhou-Reiches. In den Staaten selbst kam es zu vielfältigen Machtverschiebungen. Es setzte auch hier ein Prozeß der Umverteilung der Macht ein. Andere Kräfte drangen nach vorn, zu Amt und Würden. Zum Teil waren es Vertreter der alten Aristokratie selbst, welche die soziale Umschichtung benutzten, um Einfluß und Macht zu gewinnen bzw. ihren Anteil daran zu vergrößern; zum Teil handelte es sich auch um neue soziale Kräfte, private Grundbesitzer und Händler, die Einfluß nahmen.
Vor diesem Hintergrund ist auch die in unseren kurzen biographischen Angaben zu Konfuzius erwähnte Flucht des Herrschers von Lu in den Nachbarstaat Qi einzuordnen, ein historischer Fakt, der bei der Ausformung der Ideen des Konfuzius eine Rolle spielte. Konfuzius lebte in einer Zeit allgemeiner sozialer Wirren und gesellschaftlicher Instabilität, der ausgeprägten Relativität sozialer Positionen, Ränge und Werte. Die traditionellen Autoritäten verfielen, das Reich befand sich in einer ausgesprochenen Autoritätskrise. Mit der

Subordination verfiel auch die Hierarchie sozialer Werte. Die geistige und tatsächliche Autorität des Königs hatte die alte soziale Ordnung und die alte Wertehierarchie in entscheidendem Maße zusammengehalten. Aber seine Macht verfiel zunehmend und damit auch die patriarchalischen Abhängigkeitsverhältnisse. Die gesellschaftliche Ordnung hatte als vom Himmel (tian) sanktioniert gegolten. Der Himmel war das Synonym für die Gesamtheit der Ahnengeister, der Geister der Verstorbenen, und bedeutete im traditionellen chinesischen Denken die höchste Macht und Autorität. Die kultisch-religiöse Verehrung des Himmels begann gegen Ende der Shang-Zeit, zu Beginn der Zhou-Dynastie (um das 11. Jahrhundert v. u. Z.). „Tian" hatte verschiedene Bedeutungsebenen; es meinte erstens den physikalischen Himmel im Gegensatz zur Erde, zweitens Himmel als Herrscher über alles, als kosmisches Pendant zum Herrscher des Reiches, drittens Himmel als Schicksal, als Quelle von Kausalität, viertens Himmel als Synonym für moralische Prinzipien. „Himmel" war also ein ethico-physikalischer Begriff. Ein Teil der Natur wurde von den anderen Teilen der Natur gelöst und ihnen übergeordnet, wobei sich zugleich eine „Moralisierung" und in gewissem Sinne auch eine „Politisierung" des Himmels vollzog.

Mit dem Zerfall der alten Ordnung erwies sich, daß die herkömmlichen religiösen Vorstellungen — der Glaube an Himmel, Geister und Ahnen — sowie die von dieser Religion unmittelbar abgeleiteten moralischen Forderungen an die Menschen (vor allem die Forderung nach patriarchalischer Unterordnung) allein zur Regulierung der gesellschaftlichen Beziehungen nicht mehr ausreichten.[12]

Es entwickelte sich der Zwang, das Bedürfnis, und zugleich aber auch erst die Möglichkeit, gesellschaftliches und persönliches Handeln, die Vorstellungen von gesellschaftlicher Ordnung, der Regelung gesellschaftlicher Beziehungen und so weiter zu begründen. So entstand in China das systematische, zusammenhängende Denken. Die Entstehung der Lehre des Konfuzius ist ein Ausdruck dieses objektiven Prozesses.

Dabei widerspiegelt diese Lehre mit den Werten, die sie betont, und mit dem Bild von gesellschaftlicher Ordnung, das sie zeichnet, die Rolle und die objektive Interessenlage der niederen Aristokratie in jenem großen gesellschaftlichen Umbruch, den wir kurz zu skizzieren versuchten. Diese Schicht

hatte ein ambivalentes Verhältnis zum gesellschaftlichen Wandel, das aus der Zwiespältigkeit und Widersprüchlichkeit ihrer objektiven sozialen Position in der damaligen Gesellschaft resultierte. Einerseits war sie Teil der bislang herrschenden Klasse und damit an die alte gesellschaftliche Ordnung, ihre Abhängigkeitsverhältnisse und Werte, gebunden. Andererseits befand sie sich am unteren Ende der Herrschaftspyramide. Die allgemeine gesellschaftliche Umwälzung stimulierte das Bestreben bestimmter Kräfte aus dieser Schicht, im Verlauf der Veränderungen innerhalb des Systems der Herrschaft und Machtausübung nach oben zu gelangen.[13] Deshalb artikulierte sich ihr Streben nach Veränderung unter Berufung auf die Vergangenheit, stand es grundsätzlich im Zeichen des Bewahrens. Von dieser sozialen Position aus setzte sich Konfuzius mit den Widersprüchen und Entwicklungen seiner Zeit auseinander. In der objektiven Widersprüchlichkeit der sozialen Stellung der niederen Aristokratie im damaligen China liegt die Ursache für die inhaltliche Widersprüchlichkeit der Lehre des Konfuzius, für den Widerspruch von Konservatismus und Innovation, von Hierarchie und Gleichheit.
Schließlich hatten die Herrschenden zu dieser Zeit einen Bedarf an größeren Kenntnissen über die Methoden der Machtausübung und die Formen des Regierens. Dieser Bedarf wurde durch die Rivalität zwischen den verschiedenen Staaten verstärkt. Deshalb erweckten Konfuzius' Vorstellungen trotz aller Fehlschläge, die er erlitt, bei seinen Zeitgenossen Interesse. Nur: Das Herrschaftswissen, das Konfuzius bot, erschien den Herrschenden seiner Zeit nicht brauchbar.[14]

Wie bei Sokrates besitzen wir auch bei Konfuzius nichts, was er selbst verfaßt hätte; es ist möglich, daß er überhaupt nichts Schriftliches hinterlassen hat.[15] Offenbar hat er, der große Lehrer, seine Gedanken vornehmlich in Gesprächen mit seinen Schülern und anderen Zeitgenossen geäußert. Als „Gespräche" („Lun-yu") liegen sie uns vor.[16] Sie bilden die einzig relativ verläßliche Quelle. An ihrem Text haben aber viele gearbeitet; das Buch ist nicht in einem Zuge, sondern über eine längere Zeit hin entstanden. In der Zeit bis zur endgültigen Kompilation sind die Gedanken des Konfuzius nicht nur bewahrt, sondern mit Sicherheit auch modifiziert worden. Dies zeigt sich vor allem in folgender Hinsicht: Die Hervorhebung der Pflicht der Herrscher, sich um das Wohl des Volkes zu kümmern, wie wir sie zum Beispiel in den Kapiteln XIX und XX finden, weist auf den Einfluß des Konfuzianers Meng-zi hin, der erst im 4. Jahrhundert v. u. Z. lebte. Ebenso reflektiert die im XX. Kapitel enthaltene Darstellung, wonach die Sagen-Kaiser ihre Herrschaft an Tugendhaftere abgetreten hätten, die Auffassung des Meng-zi. Die Beschreibung des Himmels als eines Naturphänomens, die wir im XVII. Kapitel antreffen („Redet etwa der Himmel?" XVII,19) ist möglicherweise auf eine Strömung innerhalb des Konfuzianismus zurückzuführen, die sich erst im 3. Jahrhundert v. u. Z. herausbildete. Denn es fällt auf, daß hier über den Himmel in ganz anderer Weise gesprochen wird als dort, wo er als geistiges Wesen, als Quelle der rechten Moral, beschrieben wird (VII,23; XIV,36).

Nach der Meinung des chinesischen Gelehrten Liu Zong-yuan, der in der Tang-Zeit, um die Wende vom 8. zum 9. Jahrhundert lebte, sollen Schüler des Konfuzius-Schülers Zeng-zi die Endredaktion des „Lun-yu" vorgenommen haben. Danach müßte die Zusammenstellung des Textes in der Anfangsphase der sogenannten Zhan-guo-Zeit — etwa um die Wende vom 5. zum 4. Jahrhundert v. u. Z. — beendet gewesen sein. Gegen diese Auffassung sprechen nicht nur die erwähnten inhaltlichen, sondern auch sprachliche Unterschiede zwischen den Kapiteln. Tilemann Grimm schreibt zu dieser Problematik: „Sparsamkeit des Ausdrucks, Kürze und Unregelmäßigkeit der Sätze, häufiger Gebrauch von Interjektionen, der auf wörtliche Wiedergabe schließen läßt, deuten auf älteren Befund — größerer Wortreichtum, Regelmäßigkeit des Satzbaus, stereotype Verwendung von grammatischen Hilfswörtern auf jüngeres sprachliches Material."[17]

Wir stimmen Grimm zu, wenn er meint, daß die ersten zehn Kapitel des heute vorliegenden Textes älteren Datums sind (sie stammen wahrscheinlich noch aus dem 5. Jahrhundert beziehungsweise aus der Zeit um die Wende vom 5. zum 4. Jahrhundert v. u. Z.), während vor allem die letzten fünf Kapitel wesentlich später hinzugefügt wurden. Eine philologische Auflösung des Textes der „Gespräche" in verschiedene „Schichten" liegt also nahe. Dabei unterscheiden sich die

„Schichten“ auch in der Art und Weise, wie die konfuzianischen Vorstellungen dargestellt werden. Im älteren Teil — den Kapiteln I—X — werden sie stärker am negativen Beispiel entwickelt; man zeigt, was ihnen nicht entspricht. In den später entstandenen Teilen werden sie mehr direkt und positiv entwickelt.[18]

Nachdem im Jahre 221 v. u. Z. das Reich durch den Herrscher des Staates Qin wieder vereint worden war und die Qin-Dynastie (221—206 v. u. Z.) begonnen hatte, wurden die „Gespräche“ — wie andere alte Schriften auch — verboten. Im Jahre 213 v. u. Z. kam es schließlich zu einer großen antikonfuzianischen Bücherverbrennung. So war die Wiederherstellung der Texte in der nachfolgenden Han-Zeit (206 v. u. Z. bis 220 u. Z.) schwierig. Am Anfang der Han-Zeit waren drei verschiedene Texte des Buches „Gespräche“ („Lun-yu“) bekannt: ein Text aus Lu mit zwanzig Kapiteln, ein Text aus Qi mit zweiundzwanzig Kapiteln sowie der sogenannte alte Text aus Lu, der mit alten Zeichen geschrieben und angeblich in den Mauern des einst von Konfuzius bewohnten Hauses gefunden worden war; er bestand aus einundzwanzig Kapiteln. Eine kaiserliche Kommission sollte den authentischen Text festlegen. Die schließlich maßgebende Fassung des Textes, bestehend aus zwanzig Kapiteln und insgesamt 12 700 chinesischen Schriftzeichen, geht auf Zheng Xuan zurück, der im 2. Jahrhundert u. Z. lebte. Von ihm stammt auch der erste schriftliche Kommentar zum „Lun-yu“. Von Zheng Xuan bis in die Neuzeit, bis hin zu Kang You-wei (1858—1927)[19] und Zhang Tai-yan (1867—1936)[20], wurden einige hundert Kommentare dazu geschrieben. Besondere Bedeutung wurde den „Gesprächen“ als konfuzianischem Werk von der Song-Zeit (10.—13. Jahrhundert) an beigemessen. Sie wurden jetzt mit drei anderen Texten — dem Buch „Meng-zi“, dem „Da-xue“ („Große Lehre“) und dem „Zhong-yong“ („Buch von Maß und Mitte“) — zu den klassischen konfuzianischen „Vier Büchern“ (si shu) zusammengefaßt.

Die „Gespräche“ sind kein philosophisches Werk im eigentlichen Sinne, sondern vielmehr gesammelte Aussprüche, die meist ohne Systematik — jedenfalls ohne eine für uns erkennbare Systematik — angeordnet wurden. Es handelt sich um Lebensweisheiten, um Verhaltensmuster und Regeln des Regierens. Es geht also weniger um das Warum als um das Wie. Den Äußerungen zu einzelnen Verhaltensweisen liegen bestimmte Vorstellungen über die Regelung der gesellschaftlichen Beziehungen und eine besondere Art von Ordnung in der Gesellschaft zugrunde, die nicht abstrakt-theoretisch dargestellt werden, sondern in konkreten Handlungen und Situationen, an konkreten Personen und unter starker Verwendung historischer Bezüge. Der allgemeine geistige Gehalt der „Gespräche" wird durch die Zusammenschau aller dargestellten konkreten Beispiele und Situationen erfaßbar. Das Konkrete hat die Bedeutung des allgemeinen Modells: Es ist das Vorbild, das zu analogem Verhalten auffordert, also imperative Funktion hat. Der Bezug auf die Vergangenheit sowie das Auftreten mehr oder weniger bedeutender Zeitgenossen ist hier nicht Illustration, sondern der Stoff, an dem sich der eigentliche gedankliche Gehalt der Lehre des Konfuzius gestaltet.[21] Die Darstellung von Modellverhalten, von Präzedenzen und Beispielhandlungen hat in diesem Denken von der logischen Funktion her den gleichen Stellenwert wie der Syllogismus im europäischen Denken.

Die viel diskutierte Frage, ob die Lehre des Konfuzius Philosophie sei oder Religion, ist nur aus der inneren Struktur des chinesischen Denkens und aus der gesellschaftlichen Entwicklung des alten China heraus zu beantworten.[22] Für das traditionelle chinesische Denken ist eine spezifische, intensive Orientierung auf den Menschen als historisch-gesellschaftliches Wesen charakteristisch, auf seine Lebensweise, Moral, sein Verhalten in seiner sozialen Funktion. Die Natur, das Objekt überhaupt, gewinnt erst Bedeutung im Zusammenhang mit menschlichem Willen und gesellschaftlichem Handeln. Es gibt keine — relativ abgrenzbare und systematische — Naturphilosophie. Die Natur wird zu einem Ort des politischen Rollenspiels, der Kosmos wird politisiert. In diesem Sinne ist das altchinesische Denken wesentlich subjektbezogen. Es geht um den Weg (chinesisch: dao) des Menschen in der Gesellschaft, den Weg zur sittlichen Vervollkommnung und damit — wie man meinte — zur vollkommenen Gesellschaft. Dem altchinesischen Denken ist die von Aristoteles vorgenommene Unterscheidung von philosophischer und praktischer Weisheit, von „sophia“ und „phronesis“, fremd. Das chinesische Zeichen für „Philosophie“ („zhe-xue“, „Lehre vom zhe“) besteht aus zwei Teilen: „Hand beziehungsweise Axt“ und „Mund“. Es stellt die Einheit von Aktion und Rhetorik dar. So steht in den Schriften der großen Denker des alten China die Verhaltensvorschrift, die politisch-moralische Norm, im Vordergrund, und zwar unterschiedlich entsprechend der jeweiligen sozialen Position.

Das altchinesische Denken ist ein Ganzes von politischem Denken, Moralbewußtsein, Religion, philosophischem Bewußtsein. Auch die Lehre des Konfuzius enthält sowohl philosophisches wie religiöses Bewußtsein, wäre aber weder als Philosophie noch als Religion zutreffend bezeichnet, sondern eher als ethico-politische Lehre. Dabei betont L. S. Wasiljew — unseres Erachtens zu Recht — ein Primat der Moral über die Religion im Konfuzianismus.[23]

Die Entschlüsselung dieser Lehre gleicht, wie Siegfried Behrsing sagt, der Lösung einer „Gleichung mit vielen Unbekannten“[24]. Der Text der „Gespräche“ enthält bestimmte Schlüsselwörter, zentrale Begriffe oder Kategorien, deren richtige Interpretation für das gesamte Ideengefüge des Konfuzius entscheidend ist. Dabei sind diese Zentralbegriffe stark aufeinander bezogen, sind nur in dieser Bezogenheit aufeinander zu verstehen. Will man einen Begriff in seiner ganzen Bedeutung erfassen, setzt dies das Verständnis aller anderen zentralen Begriffe voraus. Man muß deshalb das System aufeinander bezogener Begriffe und Kategorien vom richtigen Punkt aus erschließen und zugleich im weiteren Prozeß der Aneignung des gesamten Begriffsgefüges jede bestimmte Kategorie immer wieder überprüfen, präzisieren, erweitern. Es muß also stets wieder — um mit der Kybernetik zu sprechen — rückgekoppelt werden. Das muß so lange geschehen, bis sich das Verständnis des gesamten Begriffsgefüges von Konfuzius auf einen bestimmten, möglichst widerspruchsfreien, Zusammenhang eingepegelt hat. Denn Konfuzius hat kein eigentlich definitorisches Verhältnis zu den zentralen Begriffen und Kategorien seiner Lehre, das heißt, die Begriffe werden nicht an einer bestimmten Stelle inhaltlich dargestellt; es werden vielmehr — meist in Form von Antworten auf Fragen der Schüler — jeweils einzelne Seiten und Aspekte der Bedeutung angeführt, hier diese, dort jene, abhängig vom konkreten

Zusammenhang, vom Einzelbeispiel. Diese Einzelbeispiele stehen demnach nicht nur für sich, sondern für die allgemeine Norm, die sich darin offenbart.

Aus diesen Überlegungen folgt für die Übersetzung, daß die Schlüsselwörter des Konfuzius nicht stereotyp, mit immer dem gleichen deutschen Wort, übersetzt werden können. Vielmehr muß bedacht werden, welche Seite und welcher Aspekt des jeweiligen Bedeutungsfeldes gemeint ist. Andernfalls würden wichtige Eigenheiten des traditionellen chinesischen Denkens ignoriert.

Wir wollen diese Problematik am Beispiel des für den frühen Konfuzianismus sehr wichtigen Begriffs „ren" verdeutlichen. Im Kapitel XII,22 der „Gespräche" heißt es: „Der Schüler Fan Chi wollte wissen, was ‚ren' sei. Konfuzius antwortete: ‚Die Menschen lieben.'" Bisweilen wird nun diese Stelle zum Anlaß genommen, um „ren" durchgängig — ohne Rücksicht auf den jeweiligen Kontext — mit „Menschenliebe" zu übersetzen. Damit wird sie als Definition genommen, obgleich sie so nicht zu verstehen ist. „Menschenliebe", „Liebe zu den Menschen" ist *ein* Moment im Bedeutungsfeld von „ren" neben einer ganzen Reihe anderer. Manches spricht sogar dafür, daß es sich hierbei nur um ein untergeordnetes Moment handelt. Zum Bedeutungsfeld von „ren" gehört vor allem „das richtige Verhalten zu anderen Menschen", im Zusammenhang damit „die Erfüllung der moralischen Pflichten", im weitesten Sinne; ferner gehören dazu — außer Menschenliebe — solche Aspekte wie „das Sittliche", „das Gute", „das Gute wollen", „das Gute tun", „die sittliche Handlung", „der gute Charakter", „Moral" insgesamt und so weiter. Es ist nicht richtig, eine Seite dieses Bedeutungsfeldes herauszulösen und sie absolut zu machen.

Wir suchen den Zugang zu der Lehre des Konfuzius über den Begriff „dao" = „der Weg". Bei „dao" handelt es sich um den wohl wichtigsten Begriff des gesamten traditionellen chinesischen Denkens. In gewissem Sinne ist das Denken des alten China im wesentlichen eine Art „Daoismus" = „Lehre vom Weg" (des Menschen, des Staates, der Gesellschaft), „Nachdenken über den rechten Weg" und so weiter. Jene spezielle Richtung der traditionellen chinesischen Ideologie, die gemeinhin als „Daoismus" bezeichnet wird, ist nur eine besondere Form dieses allgemeineren „Daoismus".

Im Inhalt des „dao"-Begriffs vermischen sich Objektives und Subjektives: Das richtige, sittlichen Maßstäben entsprechende Verhalten von Individuum und Gesellschaft, die rechte Art, den Staat zu führen und Politik zu betreiben, als subjektive Komponente; das Resultat dieses richtigen Verhaltens, nämlich ein bestimmter Zustand der gesamten Gesellschaft, die gesellschaftliche Ordnung, als objektive Komponente. „dao" ist schließlich ebenso die Einheit von rechten Prinzipien des Verhaltens (auch im Sinne von Lehre, von „Wahrheit" in einem spezifisch ethischen Sinne) und ihrer korrekten Einhaltung.

Für Konfuzius war die gesellschaftliche Situation, mit der er konfrontiert war, „wu dao", „ohne dao". Für ihn hatte die Welt den rechten Weg verlassen (V,7), sie war aus den Fugen geraten. „Wu dao" — das war für ihn Mißachtung herkömmlicher Beziehungen der gesellschaftlichen Über- und Unterordnung, Aufbegehren gegen traditionelle Autoritäten, Anmaßung, die Gefahr der Umkehrung von Oben und Unten in der Gesellschaft, die Mißachtung der patriarchalischen Ordnung, das Aufbegehren des Sohnes gegen den Vater, die Verletzung der bisher gültigen Regeln menschlichen Zusammenlebens, der Anstandsregeln und Umgangsformen („Moral und Charakter werden vernachlässigt . . . Man kennt die Pflichten, aber man kommt ihnen nicht nach. Was an einem nicht gut ist, vermag man nicht zu ändern. Das sind Dinge, die mir Sorge bereiten." VII,3). Der Verfall der alten Ordnung, ihrer sozialen Hierarchie wie der Hierarchie ihrer Werte, wurde von Konfuzius als Verfall von Ordnung überhaupt reflektiert. Dabei war sein sozialer Standpunkt der eines Vertreters der unteren Schicht der herrschenden Klasse, und von diesem Standpunkt aus wollte er die alten Autoritäten, die alten Formen der Abhängigkeit wiederherstellen. Als geeignetes Mittel dazu erschien ihm die „Richtigstellung der Namen", das heißt eigentlich: Richtigstellung der Bezeichnung der Stufen innerhalb der sozialen Hierarchie. Im Kapitel XIII,3 heißt es: „Der Schüler Zi-lu sprach zu Konfuzius: ‚Wenn Euch der Herrscher des Staates Wei die Regierung anvertraute — was würdet Ihr zuerst tun?' Der Meister antwortete: ‚Unbedingt die Namen richtigstellen.' Darauf Zi-lu: ‚Damit würdet Ihr beginnen? Das ist doch abwegig. Warum eine solche Richtigstellung der Namen?' Der Meister entgegnete: ‚. . . Stimmen die Namen und Begriffe nicht, so ist die Sprache konfus. Ist die Sprache konfus, so entstehen Unordnung und Mißerfolg. Gibt es Unordnung und Mißerfolg, so geraten Anstand und gute Sitten in Verfall. Sind Anstand und gute Sitten in Frage gestellt, so gibt es keine gerechten Strafen mehr. Gibt es keine gerechten Strafen mehr, so weiß das Volk nicht, was es tun und was es lassen soll ...'"

Konfusion der Sprache hieß für Konfuzius vor allem, daß das Verhältnis von Befehl und Gehorsam in Gesellschaft und Familie durcheinandergeraten war. Eine konfuse Sprache war für ihn die Konfusion der Befugnisse, der Rechte und Pflichten. Eine korrekte Sprache bedeutete klare Regeln, feste Bestimmungen, Ordnung in der Gesellschaft; die konfuse Sprache hingegen führte zur konfusen Gesellschaft, zum gesellschaftlichen Durcheinander: Genauso aber stellte sich Konfuzius die Gesellschaft seiner Zeit dar. Darum forderte er: „Der Herrscher muß Herrscher sein, der Untertan muß Untertan bleiben, der Vater sei Vater, der Sohn Sohn" (XII,11). Doch was Konfuzius als gesellschaftliches Durcheinander empfand, war ein notwendiger Schritt auf dem Wege des gesellschaftlichen Fortschritts. Vor diesem Hintergrund hatte die Forderung des Konfuzius einen konservativen, restaurativen Grundzug. Nach Konfuzius sollten sich die Verhältnisse nach den Namen, nicht aber die Namen nach den Verhältnissen richten. Auf diese Weise sollte auch das Mißverhältnis von „ming" und „shi", von Namen und Realitäten, aufgelöst und die Übereinstimmung wiederhergestellt werden. Die von Konfuzius geforderte „Richtigstellung der Namen" war in Wirklichkeit die Forderung, die Verhältnisse „richtigzustellen".[25] Nach Auffassung des Konfuzius sollte dafür entscheidend sein, daß die Grundsätze und Regeln des „li" wieder zur Geltung gebracht und befolgt werden.

„Li" stellt einen der wichtigsten Begriffe des Konfuzianismus dar. In den „Gesprächen" erscheint er vierundsiebzigmal. Wie bei „ren", so haben wir es auch bei „li" mit einer breitgefächerten Bedeutung, mit einem ganzen Bedeutungsfeld, zu tun. So ist auch hier die Suche nach einem einzigen, bedeutungsadäquaten, stets anwendbaren deutschen Wort für die Übersetzung außerordentlich problematisch, wenn nicht gar unmöglich. Ursprünglich hatte „li" eine rein sakrale Bedeutung; es meinte das Verhalten bei Opferzeremonien und bei der Ahnenverehrung, die Totenbräuche, die Zeremonien bei Begräbnis und Trauer. Eine Opferhandlung, eine kultische Zeremonie, war aber stets auch ein Staatsakt. Angesichts der engen Beziehung zwischen Religion und Herrschaft entfaltete sich das Bedeutungsfeld von „li"; es begann, auch den Ritus von Herrschaft und Machtausübung zu bezeichnen, alles Rituelle und Kultische, was mit dem Herrscher, mit dem Hof und mit dem Versuch einer religiösen Legitimation von Herrschaft durch Berufung auf Himmel und Ahnengeister verbunden war. Schließlich drückten Riten und Zeremonien die Stellung eines Menschen in der sozialen Hierarchie aus. Mit einer bestimmten Position und Funktion in dieser Hierarchie, mit einem bestimmten Rang, waren bestimmte Riten, ein exakt festgelegtes rituelles Verhalten und eine genau bezeichnete Funktion bei rituellen Handlungen verknüpft. So zum Beispiel entsprach es dem „li", daß sich der Herrscher des Gesamtreiches acht Gruppen für rituelle Tänze und Musik hielt, den höchsten Adligen, den Herzögen und Fürsten, kamen sechs solcher Gruppen zu, den hohen Beamten vier. Eine solche Abstufung galt auch hinsichtlich der rituellen Musik bei Ahnenopfern und der gesamten Art, wie die jeweiligen Opferzeremonien ausgeführt wurden. Das war jeweils Recht und Pflicht zugleich. Jeder gesellschaftlichen Stufe (innerhalb der herrschenden Klasse) entsprach ein bestimmtes „li". Seine Verletzung bedeutete Anmaßung und Auflehnung, führte — wie Konfuzius meinte — zum Chaos. „Li" war ein in sich gestaffeltes, hierarchisches System, in gewissem Sinne Inbegriff der Herrschaft bestimmter Individuen oder sozialer Schichten über andere, ein Synonym für soziale Unter- und Überordnung. So hatte „li" als Idee, als ideologisches Moment, eine stark konservierende, etablierende Funktion. Das gilt im Grunde für das ganze traditionelle China. Die Orientierung auf „li", die Konfuzius forderte, war eine wesentliche inhaltliche Grundlage für die Möglichkeit, den Konfuzianismus später den Bedürfnissen des Feudalismus in China anzupassen und ihn zur herrschenden Ideologie des chinesischen Feudalzeitalters umzufunktionieren. „Li" bedeutet beides zugleich: Eine bestimmte Art, hierarchisch (auf chinesische Weise hierarchisch) zu denken, aber auch die — praktische — Einhaltung bestimmter Regeln des gesellschaftlichen Umgangs in einer Klassengesellschaft, also das „li"-gemäße Verhalten und die Einhaltung der dem „li" entsprechenden sozialen Ordnung Schließlich war mit „li" eine bestimmte Art der Mimik, der Kopfhaltung, des Ganges, des Grüßens, der Kleidung und so weiter verbunden — das wieder entsprechend dem jeweiligen gesellschaftlichen Rang des betreffenden Individuums. Hier liegt eine Wurzel für die starke Formalisierung des Verhaltens, die uns aus der chinesischen Geschichte bekannt ist. Dabei ist „li" ohne Zweifel auch ein Faktor von beträchtlicher sozialpsychologischer Wirkung, von beachtlichem Einfluß auf die psychische Wesensart des chinesischen Volkes, gewesen. Es gibt eine ganze Reihe von Stellen in den „Gesprächen", die uns die formelhafte Erstarrung des Verhaltens, wie sie für die lange Zeit des chinesischen Feudalismus besonders charakteristisch war, ahnen läßt. Solche Stellen beherrschen fast das ganze X. Kapitel. „War Konfuzius als Gesandter unterwegs, so hatte er das Zepter seines Herrschers zu tragen ... Er hielt das Zepter nur bis zu der Höhe, in welcher sich bei der Verbeugung die zusammengelegten Hände befinden — keinesfalls höher; er hielt es aber auch nicht tiefer als bis zu der Höhe, in welcher sich die Hände befinden, wenn ein Geschenk überreicht wird. Seine Miene zeigte Ehrfurcht, seine Schritte waren langsam und gemessen ..." (X,5).

Der Prozeß der „Dehnung" seines Inhalts führte also dazu, daß „li" schließlich auch die allgemeinen Umgangsformen überhaupt sowie deren Einhaltung (die Einhaltung der bestehenden sozialen Ordnung) umfaßte. Über „li" als Idee wie als praktisches Verhalten wurden diese allgemeinen Anstandsregeln und Umgangsformen der Sicherung eines gesellschaftlichen Zustandes von Herrschaft und Unterordnung dienstbar gemacht. „Li" stellte die Apologie der Klassenspaltung dar. Es war — seinem objektiven Wesen nach — die moralische, rituelle, religiöse Verbrämung von Unterdrückung und Ausbeutung. Indem Konfuzius dieses Prinzip „li" betonte, wies er seine Lehre grundsätzlich als eine Ideologie der herrschenden Klasse aus. „Li" setzte dem einzelnen und seinem Verhalten Grenzen; es stellte eine Schranke dar und bedeutete Normierung des Verhaltens, seine Formung und Beschränkung zugleich. Alle Eigenschaften mußten durch „li" geformt sein und seinen Beschränkungen unterworfen werden (VIII,2; XIV,12). Es war der Inbegriff der sozialen Bindung, der Einbindung des Individuums in das gesellschaftliche Ganze.

Einhaltung von „li“ war ein Sich-Fügen nach Maß des jeweiligen Ranges und Standes. „Zuviel ist ebenso falsch wie zuwenig“ (XI,16). Jeder auf seinem Platz, jeder seinem Range gemäß — so verhieß „li“ Einklang und Harmonie (I,12). Das Streben nach dem eigenen Nutzen wird im Konfuzianismus im Grunde von vornherein zu etwas Negativem. Die Gesellschaft wird als ein ausbalancierter Organismus betrachtet, dessen Harmonie dadurch gewährleistet sein soll, daß alle entsprechend ihrem Rang auf das gesellschaftliche Ganze bezogen denken und handeln. Das „li“ des Konfuzius stand grundsätzlich im Zeichen des Bewahrens; es bedeutete Kontinuität im gesellschaftlichen Leben: „Der Schüler Zi-zhang fragte: ‚Kann man wissen, was nach zehn Generationen sein wird?‘ Konfuzius antwortete: ‚Die Yin-Dynastie folgte der Xia-Dynastie, ihren Sitten und ihrer Ordnung. Was sie davon verworfen und was sie hinzugefügt hat, weiß man noch. Die Zhou-Dynastie folgte der Yin-Dynastie, deren Sitten und deren Ordnung. Was sie davon verworfen und was sie hinzugefügt hat, ist ebenfalls bekannt. Mögen den Zhou auch noch andere folgen, man kann voraussehen, was sein wird, und wenn es sich um eine Spanne von hundert Zeitaltern handelt‘“ (II,23).

An anderer Stelle heißt es: „Konfuzius sprach: ‚Die Zhou-Dynastie folgt den beiden vorangegangenen Dynastien der Xia und Shang. Wie vornehm und kultiviert! Ich folge Zhou‘“ (III,14). „Li“ einhalten hieß, keinen Bruch zwischen Vergangenheit und Gegenwart zuzulassen, nicht zu dulden, daß sich die Gegenwart wesentlich von der Vergangenheit unterscheidet. Dieses Moment spielte später im chinesischen Denken eine große Rolle. Es war der Gedanke von der grundsätzlichen Übereinstimmung von Vergangenheit, Gegenwart und Zukunft. Die Vergangenheit sollte Gegenwart, die Gegenwart auch Zukunft sein. Die Bedeutung, die dieses Moment im traditionellen chinesischen Denken hatte, drückt sich auch darin aus, daß die klassische chinesische Sprache aufgrund der Unveränderlichkeit der Verben nur begrenzte Möglichkeiten besaß, zwischen den Zeiten zu differenzieren.

Nach Konfuzius war die Gesellschaft vom „dao“, vom rechten Weg, abgekommen, indem „li“ nicht mehr eingehalten wurde. Das Befolgen von „li“ sollte die Gesellschaft auf den rechten Weg zurückführen. Auch in diesem Sinne ist das „Ich folge Zhou“ (dem li der Zhou) zu verstehen.

Konfuzius forderte die Orientierung der Gegenwart an der Vergangenheit; jeder Bruch mit der Vergangenheit führte für ihn zu „wu dao“, zu Unordnung in Gesellschaft und Familie. Diesen Bruch wollte er verhindern. In diesem Sinne war seine Lehre retrospektiv. Er sagte: „Ich übermittle, aber ich schaffe nichts Neues. Ich glaube an das Alte und liebe es“ (VII,1). Vergangenes nahm er in Schutz: „Gegen Handlungen, die bereits vollzogen sind, soll man keine Einwände erheben. Vergangenes soll man nicht tadeln“ (III,21).

Konfuzius ging es vor allem um die Kontinuität in der Geschichte. Niemals sollte der Faden abgeschnitten oder unterbrochen werden. Jede Art von Unterbrechung, jede Art von Revolution war von Übel und sollte aus der Geschichte verbannt werden — das entsprach ganz seinem sozialen Standort, seiner Bindung an die herrschende Klasse. Mit der Betonung von Kontinuität zeigte sich bereits in den „Gesprächen“ ein wichtiges Moment der gesamten traditionellen geistigen Kultur Chinas. Der Konfuzianismus war auch dadurch geeignet, für die Staatsideologie des chinesischen Feudalismus benutzt zu werden.

„Li“ trug, bei der Vielfalt seiner Bedeutungen, auch ein Moment des Sinozentrismus in sich. Daß sich dies bereits in den „Gesprächen“ zeigt, ist für die Untersuchung der frühen geistigen Wurzeln des Sinozentrismus aufschlußreich. „Li“ war für Konfuzius wie für den späteren Konfuzianismus ein Ausdruck für kulturvoll geordnetes Leben, für ein Verhalten, das den Anstandsnormen entsprach. Wer im Geltungsbereich von „li“ lebte, lebte in Kultur. Das waren die Chinesen. Die anderen kannten es nicht, deshalb waren sie die Barbaren.

In dieser Vorstellung von einer prinzipiellen kulturellen Überlegenheit der Chinesen widerspiegelte sich die Tatsache, daß die Kultur der Chinesen damals wirklich der ihrer Nachbarn überlegen war. Unter den Bedingungen der starken Isolierung Chinas von der Außenwelt wurde die These von der kulturellen Überlegenheit über viele Jahrhunderte kultiviert. Als dann China von 1840 an Opfer der Aggression imperialistischer Mächte wurde, mußte das Land mit der staatlich-politischen Krise auch in eine ganz besonders tiefe geistig-ideologische Krise gestürzt werden. Jetzt ging es erstmalig um die Einordnung Chinas in die Welt, was viele komplizierte politische und ideologische Probleme aufwarf, die im Grunde auch heute noch spürbar sind. Schon in den „Gesprächen“ deutet sich an: Man verstand China als Kulturwelt, als Welt im eigentlichen Sinne, als Ausdruck einer kultivierten Stufe des Menschseins.

In den „Gesprächen“ wird an verschiedenen Stellen auf die Beziehung zwischen „li“ und „yue“ (die — rituelle — Musik) hingewiesen. „Konfuzius sprach: ‚Die Lieder erheben den Menschen, die Riten (li) geben ihm Halt, die Musik macht ihn vollkommen‘“ (VIII,8). Konfuzius maß der Musik große Bedeutung für die Erhaltung von Ordnung und Harmonie in der Gesellschaft bei. Ähnlich Plato, für den die Musik ebenfalls staatstragende Bedeutung hatte, sah er in ihr ein Mittel zur sittlichen Vervollkommnung und Kultivierung des Menschen. Dazu mußte die Musik von bestimmter Art sein: „Der Einsatz sei gleichmäßig, dann erklinge alles voller Harmonie, klar und deutlich — so fortlaufend bis zum Schluß.“ Ihr Charakter und ihre Struktur sollten dem Ideal der gesellschaftlichen Ordnung entsprechen. Musik sollte den Menschen auf die Einhaltung von „li“ orientieren, also auf die Einhaltung sozialer Regeln und Beziehungen. Dabei war sie so an die Moral gebunden, daß sie selbst fast zur Moral wurde. Sie sollte das ästhetische Modell gesellschaftlicher Ordnung und korrekten Verhaltens sein, ein Bindeglied zwischen der inneren und der äußeren Welt des Menschen. Angesichts der gesellschaftlichen Zustände seiner Zeit betrachtete Konfuzius die Musik als eine Art sittlicher Therapie.

Bewahren war der Grundgedanke des Konfuzius. Aber er wollte nicht nur bewahren, er wollte auch reformieren. Die Art der Beziehungen in der Gesellschaft, zwischen den Ständen und Rängen, zwischen dem Oben und Unten, sollte die gleiche bleiben. Aber auf den Stufen und Rängen der Gesellschaft sollten andere stehen. Nicht mehr die Geburt, die blutsverwandtschaftlichen Beziehungen, die verwandtschaftliche Nähe oder Ferne zum Herrscher sollten dafür entscheidend sein, wer die Posten und Ämter in der Hierarchie einnimmt, sondern die moralischen Qualitäten, die Lebensweise des einzelnen.

Hier folgt Konfuzius den gesellschaftlichen Veränderungen, die sich zu seiner Zeit abspielten, reflektiert er das Neue in den gesellschaftlichen Beziehungen. Seine Lehre ist also nicht nur eine negative Reaktion auf den gesellschaftlichen Umbruch seiner Zeit; sie hätte dann wohl auch kaum eine so große Rolle in der weiteren Entwicklung der chinesischen Gesellschaft spielen können. Die Innovation, die Konfuzius wollte, drückte das Bestreben der untersten Schicht der bisher herrschenden Klasse aus, mehr Macht und Einfluß zu gewinnen, was ihr bislang durch die „Mängel" der Geburt versagt geblieben war.

Die Besetzung von Posten und Rängen nach blutsverwandtschaftlichen Prinzipien war in der Tat mit Starrheit und Immobilität verbunden. Nach Konfuzius' Vorstellung sollte an die Stelle der bisherigen Hierarchie eine neue, durch den unterschiedlichen Grad moralischer Vollkommenheit der Menschen geprägte, Hierarchie treten. Das war eine utopische Forderung, aber es war die geistige Voraussetzung für das spätere staatliche Prüfungssystem, ein System, wonach in allen Teilen des chinesischen Reiches durch Prüfungen diejenigen für die zu vergebenden Beamtenposten ermittelt wurden, die sich am besten in den konfuzianischen Schriften auskannten. Allerdings ließ auch dieses System nur jene zu, die sich Bildung erwerben konnten. Es blieb eine spezifische Methode zur Reproduktion der herrschenden Elite.

Die Idee des Konfuzius entsprang einer gesellschaftlichen Situation, in der die alten Strukturen im Zerfall und die alten Autoritäten in der Krise waren, die neuen Strukturen sich aber noch nicht etabliert hatten. Dieses Intermezzo produzierte diese Utopie. Damit war auch ein Moment der Gleichheit verbunden. In dieser Idee wurde etwas zum Wesentlichen, was man in seinem eigenen Leben erwerben konnte und sollte: „Von Natur aus sind die Menschen einander ähnlich. Durch Erziehung und Bildung entfernen sie sich voneinander" (XVII,2). Zugleich heißt es: „Konfuzius sprach: ‚Bildung soll allen zugänglich sein. Man darf keine Standesunterschiede machen'" (XV,39).

Bildung ist für ihn vor allem moralische Vervollkommnung. Dabei soll jeder seine Chance haben, unabhängig von seiner sozialen Herkunft.

Dieses Moment der Gleichheit der Lehre des Konfuzius ist jedoch stark eingeschränkt. Es ist dem Gedanken der Hierarchie eindeutig untergeordnet. So soll zwar auch das einfache Volk die „rechte Bildung" erwerben, es bleibt aber Volk und damit Objekt des Regierens. Es ist nicht für Höheres zu bilden: „Wenn ein Mann von hohem Rang die rechte Bildung erwirbt, dann lernt er, die Menschen zu lieben. Erwirbt der gemeine Mann die rechte Bildung, dann ist er leicht zu regieren" (XVII,4).

Für Konfuzius gibt es wesentliche Unterschiede in der Bildungsfähigkeit zwischen Volk und herrschender Klasse. Dieser Gedanke reflektiert natürlich auch den niedrigen Bildungsstand des Volkes. Es gibt für Konfuzius die „wirklich Dummen", die sich nicht ändern (XVII,3). Auch sagt er: „Daß einer der Regierenden sich nicht richtig verhält — das kommt vor. Einen Gemeinen aber, der sich richtig zu verhalten weiß, gibt es nicht" (XIV,6).

Letzten Endes reduziert sich das Moment der Gleichheit auf die Chancengleichheit innerhalb der herrschenden Klasse. Konfuzius will eine relative Egalisierung — hinsichtlich der Möglichkeit, Macht und Einfluß zu gewinnen — im Kreis der Herrschenden. Konfuzius schafft das Vorrecht der Geburt ab, um es im neuen Gewand wieder einzuführen. Die Zugehörigkeit zur herrschenden Klasse begründet das Privileg. Nur innerhalb der herrschenden Klasse sollen die Grenzen zwar nicht fließen, so aber doch durchlässig sein.

Diese Interpretation wird auch dadurch gestützt, daß Konfuzius die Möglichkeit angeborenen Wissens annimmt. Anzumerken ist, daß „Wissen" im Konfuzianismus kein erkenntnistheoretischer, sondern ein ethischer Begriff ist.[26] „Wissen" ist mehr „Weisheit", ist Kenntnis der richtigen Regeln des Verhaltens, ist deren Verinnerlichung im Prozeß des Handelns, was mehr oder weniger „Nachahmen", „Imitation", von Modellverhalten ist. Dabei bilden „Wissen" und „Anwendung" eine Einheit (XIII,5; VII,1).

Die Vorstellung, wonach es angeborenes Wissen gibt, bedeutet die Annahme von angeborenen moralischen Qualitäten, von einem angeborenen Grad sittlicher Reife und Vollkommenheit. Im XVI. Kapitel lesen wir: „Konfuzius sprach: ‚Von Geburt an Wissen haben — das ist die höchste Stufe. Durch Lernen Wissen erwerben — das ist die nächste Stufe. Große Schwierigkeiten haben und trotzdem lernen — das ist die dann folgende Stufe. Schwierigkeiten haben und nicht lernen — das sind Leute der untersten Stufe.'" (XVI,9). Angeborenes „Wissen", angeborene sittliche Reife und Vollkommenheit — das ist

als Gabe des Himmels zu verstehen. Konfuzius selbst sagte doch von sich: „Der Himmel war es, der die sittlichen Kräfte in mir hervorbrachte“ (VII,23). Der Gedanke von angeborenem „Wissen“ beziehungsweise angeborener Moral und Sittlichkeit, den wir bei Konfuzius finden, muß im Zusammenhang gesehen werden mit der Vorstellung, wonach sich Herrschaft im Staate auf das Mandat des Himmels gründet. Der Herrscher wird als „Sohn des Himmels“ mit angeborenen, das heißt vom Himmel bestimmten, Qualitäten betrachtet. Der Gedanke vom angeborenen „Wissen“ dient dazu, den Herrscher herauszuheben, ihn als Herrscher zu legitimieren und ihn als den größten politischen und geistig-kultischen Ordnungsfaktor unterhalb des Himmels (tian-xia) auszuweisen. So hatte Konfuzius im Herrscher einen Pol, auf den sich die von ihm geforderte gesellschaftliche Hierarchie beziehen konnte, zu dem alle politischen und sozialen Kraftlinien hinliefen, so daß das gesellschaftliche Ganze in einen Ordnungsrahmen gefügt werden konnte, der es zusammenhielt. Denn für Konfuzius waren die gesellschaftlichen Zustände seiner Zeit Beweis genug, daß dann, wenn die höchste Macht nicht vom Herrscher, sondern von den Lehnsfürsten ausging, unter dem Himmel Unordnung und Chaos herrschen (XVI,2). Schließlich war die besondere Hervorhebung des Herrschers auch deshalb notwendig, weil dieser als Mittler zwischen tian und tian-xia, zwischen dem Himmel und dem Reich „unterhalb des Himmels“, verstanden wurde.
Der Herrscher muß für sich stehen, ganz oben an der Spitze. Er soll dafür Sorge tragen, daß die Gesellschaft nach moralischen Kriterien geordnet wird, daß sich Amt, Rang und Stellung des einzelnen (als Glied der herrschenden Klasse) von dessen moralischer Qualifikation ableiten: „Konfuzius sprach: ‚Wer nach sittlichen Grundsätzen regiert, gleicht dem Polarstern; er behält seinen Platz, und die anderen Sterne umkreisen ihn‘“ (II,1). Der Herrscher soll den Grundsatz „Jedem nach seiner Moral“ verwirklichen, indem er stets jene fördert, die es würdig sind, die Guten und Tüchtigen (XIII,1; II,19). Wie der Herrscher, so sollen sich auch die Beamten — jeweils dem Rang und der Kompetenz gemäß — verhalten: „Man soll Gerades auf Verbogenes setzen, damit auch das Verbogene gerade werde“ (XII,22). Man soll die Guten über die Schlechten erheben, damit auch die Schlechten gut

werden. Auf die Frage des Schülers Ran Qiu — Kanzler der mächtigen Aristokratenfamilie Ji aus dem Staate Lu —, wie er denn alle Fähigen und Begabten kennen könne, um sie zu fördern, meinte Konfuzius: „Fördere die, die du kennst. Damit gibst du ein Beispiel, dem andere folgen, so daß sich auch jene Talente und Begabungen entfalten werden, die dir nicht bekannt sind" (XIII,2). Dem moralischen Beispiel, vor allem der Vorbildwirkung des Herrschers, maß Konfuzius besondere Bedeutung bei. „Der Schüler Zi-lu fragte Konfuzius, was Regieren heiße. ‚Dem Volk ein Beispiel geben und es anspornen', lautete die Antwort" (XIII,1; vgl. auch VIII,2). „Der Herrscher ist dem Winde gleich. Der gewöhnliche Mann gleicht dem Gras. Bläst der Wind übers Gras, dann biegt es sich" (XII,19). Die Betonung des Beispiels ist ein durchgängiges Element im Konfuzianismus. Daraus folgt einerseits die Idee von der großen Verantwortung des Herrschers, der er vor dem Himmel gerecht zu werden hat, andererseits aber auch die überragende Bedeutung des Lehrers; hiermit hängt zusammen, daß die Schüler zu ihrem Lehrer so etwas wie ein Sohn-Vater-Verhältnis entwickelten.
Schon Richard Wilhelm hat auf die Rolle hingewiesen, die in der Lehre des Konfuzius der Herrscher als Beispiel und Vorbild für das sittliche Verhalten spielt. Das Wesen des Herrschers zeigt sich „wie in einem Spiegel im Volke"[27]. Diese Idee, die eigentlich präkonfuzianischen Ursprungs ist,[28] sollte sich in der späteren Entwicklung Chinas auch gelegentlich gegen die bestehende Herrschaft richten. Sie konnte nämlich bei politischen Wirren die Unzufriedenheit der Beamten wie auch den Zorn des Volkes stimulieren. Der wohl krasseste Fall dieser Art ist im Gefolge der imperialistischen Aggression und der Demütigung Chinas durch die imperialistischen Mächte nach 1840 eingetreten, als sich die ganze Schwäche des chinesischen Feudalsystems offenbarte. Wir haben hier ein ideologisches Moment, das zum Untergang der letzten Dynastie in China (1911/12) beitrug.
An moralischen Qualitäten steht für Konfuzius „ren" im Vordergrund, das richtige Verhalten zu anderen Menschen, die „Mitmenschlichkeit"[29], das Gute, das Sittliche. Das Zeichen „ren" erscheint in den Gesprächen insgesamt einhundertneunmal. Wie schon erläutert wurde, ist „ren" eine Art Oberbegriff für eine ganze Palette von moralischen Normen und Ver-

haltensweisen. In diesem Begriff treffen die beiden grundsätzlichen inhaltlichen Widersprüche der Lehre des Konfuzius — der Widerspruch zwischen Konservatismus und Innovation wie auch der Widerspruch zwischen Hierarchie und relativer Gleichheit — wie in einem Brennpunkt zusammen. Darum ist seine Interpretation so schwierig. Einerseits ist im „ren" des Konfuzius „li" enthalten, insofern das richtige Verhalten zu anderen Menschen von Rang und Stand abhängig ist: Es hat sich stets am Rang dessen zu orientieren, der sich verhält, und am Rang dessen, zu dem sich verhalten wird. Immer ist zu berücksichtigen, ob es sich um ein soziales Gefälle oder um eine soziale Steigung handelt. „Ren"-gemäßes Verhalten heißt auch, sich „li"-gemäß zu verhalten. Zugleich bedeutet „ren" ein auf die Harmonie des Ganzen orientiertes, auf diese Harmonie hin ausbalanciertes Verhalten. „Ren" ist zugleich „shu", „gegenseitige Rücksichtnahme". In diesem Zusammenhang ist „ren" Erfüllung der Pflichten gegenüber den Menschen, und so wird es auch als „Liebe zu den Menschen" bestimmt (XII,22). Es fordert Verzicht auf Amts- und Machtmißbrauch. Keiner sollte sich über seine Stellung in der Gesellschaft erheben. Die Herrscher sollen das Volk nicht übermäßig fordern; sie sollen sich um das Wohl des Volkes sorgen. Herrschaft darf nicht grausam, der Herrscher muß mild und nachsichtig sein. Das Volk soll gehorsam sein, treu ergeben dienen und sich jedes Aufruhrs enthalten. Um dies zu erreichen, wird ein Grundkonsens „anständigen" Verhaltens für alle propagiert: Ehrfurcht, Ehrlichkeit, Aufrichtigkeit, Treue, Selbstüberwindung, Rechtschaffenheit, Geradheit, Ausdauer, Standhaftigkeit, Entschlossenheit, Höflichkeit, Achtsamkeit, gewissenhafte Pflichterfüllung. Dabei wird mit „ren" — das war ein neues Moment nicht nur in der Entwicklung der Ideologie, sondern auch der gesamten Gesellschaft des alten China — ein einheitlicher Maßstab für die Beurteilung des Verhaltens, der Moral und sittlichen Reife aller gefordert. So heißt es: „Was du selbst nicht wünschst, das tue auch nicht anderen an" (XII,2). Die Idee vom einheitlichen Maßstab war von großer und progressiver Bedeutung.

Das Zeichen für „ren" besteht aus „Mensch" und „zwei". Damit wird auch von der Gestalt des Zeichens her unterstrichen, daß „ren" nicht ein abstrakter moralischer Wert, sondern vor allem eine bestimmte Qualität des Verhaltens ist.

Die Verwendung des Zeichens „ren“ (der Lautwert ist der gleiche wie bei dem chinesischen Zeichen für „Mensch“) in den „Gesprächen“ weist noch auf etwas anderes hin, nämlich daß Konfuzius sich von der Welt der Geister tendenziell abwendet und sich der Welt der Menschen stärker zuwendet. Im Grunde handelt es sich hier nur um eine spezifische Folge dessen, daß die Gesellschaft komplizierter geworden war und daß darum auch ein diskursives, das heißt argumentierendes, begründendes und zusammenhängendes Denken notwendig wurde.
Die Grundfunktion von „ren“ besteht darin, Mittel zur Durchsetzung von „li“ zu sein. Es ist der Appell an die Herrschenden zur Mäßigung im Interesse der Herrschaft.[30] Es soll einen Schein moralischer Gemeinsamkeit zwischen Herrschenden und Volk erzeugen: „Wenn der Edle gewissenhaft seine Pflicht tut, ohne zu fehlen, und anderen Menschen stets mit Achtung und Höflichkeit begegnet, wie es den bewährten Regeln des Zusammenlebens entspricht, dann sind innerhalb der vier Meere [innerhalb Chinas] alle Menschen seine Brüder“ (XII,5). Hier haben wir beides: sinozentrische Heraushebung der im Geltungsbereich von „li“ („Kultur“) Lebenden gegenüber den Barbaren sowie die Illusion einer moralischen Einheit der chinesischen Gesellschaft. Objektiv war „ren“ eine Hülle von „li“ und damit ein Versuch, Ausbeutung, Unterdrückung und Klassenspaltung zu verschleiern und die Widersprüche in der Gesellschaft einzuebnen. Das zumindest objektiv darin enthaltene, beim späteren Konfuzianismus klar zutage tretende demagogisch-manipulative Element besteht darin, daß bestehende Herrschaftsverhältnisse unter Berufung auf das gesellschaftliche Ganze erhalten werden sollten. Das Humanistische und Allgemein-Menschliche, das der Begriff „ren“ bei Konfuzius hatte, war dem Klassenmäßigen untergeordnet. Diese beiden Momente bestimmen das Spannungsverhältnis, das diesen Begriff kennzeichnet und in dem sich die widersprüchliche gesellschaftliche Position des Konfuzius widerspiegelt: daß nämlich die verschiedenen Einzeltugenden (de), die sämtlich von „ren“ umfaßt werden, sich nicht nur gegenseitig formen und ergänzen, sondern sich in ihrer Geltung auch gegenseitig begrenzen. So begrenzt Höflichkeit (gong) die Geradheit (zhi). Zugleich wird „yi“ (das richtige Verhältnis zu Rechten und Pflichten, die dem jeweiligen Rang gemäße Pflichterfüllung)[31] sittlich geformt

durch Höflichkeit (gong), Achtsamkeit (jing), Aufrichtigkeit (xin) und anderes. Die Treue (zhong) zu anderen Menschen, namentlich zum Herrscher, wird durch Treue zur Sache, zu den rechten Grundsätzen, zur Wahrheit tendenziell begrenzt. Tut der Herrscher das Unrechte und geht er den falschen Weg, bestehen das Recht und die Pflicht zum Widerstand (XIV,22). Treue ist letztlich Standhaftigkeit für das, was im Konfuzianismus als das Recht galt. Notfalls muß man das Leben für die Überzeugung opfern (XV,9). Später, in der Zeit des Feudalismus, kam es des öfteren, namentlich in Zeiten des Dynastiewechsels, zu Dienstverweigerungen, die durch konfuzianische Auffassung von Treue motiviert waren. Das richtige Verhältnis zwischen den verschiedenen Einzeltugenden (de) praktisch ins Verhalten umzusetzen, war für Konfuzius eine Voraussetzung für die „Einhaltung von Maß und Mitte" und damit für Harmonie in der Gesellschaft.[32]

Konfuzius nennt „xiao" (Erfüllung der Pflichten, die Kinder gegenüber ihren Eltern haben; Ehrfurcht, Unterordnung und Gehorsam gegenüber den Eltern) als Wurzel von „ren", als Quelle aller Sittlichkeit. In einer gewissen Hinsicht ist „xiao" auch die wichtigste inhaltliche Komponente von „ren", denn die Familie ist das Vorbild für die gesamte Gesellschaft: Wie in der Familie Unterordnung und zugleich Bindung aneinander herrschen, so soll es auch in der Gesellschaft sein. Die Ehrfurcht wird damit zum gesamtgesellschaftlichen Ordnungsprinzip. Konfuzius nimmt hier vorhandenes Gedankengut auf und knüpft an das Prinzip der Ahnenverehrung an. In diesem — in den Konfuzianismus integrierten — Prinzip treffen viele Momente zusammen: die Bindung der Gegenwart an die Vergangenheit, der konservative Grundzug, das Prinzip der Unterordnung, der soziale Immobilismus, die Apologie des Bestehenden. Der Staat ist Fortsetzung, gleichsam Ausdehnung der Familie. („Zi-lu sprach: ‚... Du weißt, daß die Beziehungen zwischen alt und jung ihre Ordnung haben müssen. Wie kannst du dann das richtige Verhältnis zwischen Herrscher und Untertan mißachten?'" XVIII,7.)

Dieser Gedanke hat in der geistigen Welt des alten China eine große Rolle gespielt. Im Konfuzianismus des Feudalzeitalters diente er der moralischen Rechtfertigung staatlicher Macht; er war eines der konstitutiven Momente der Herrschaftsideologie. Die Idee von der Kongruenz oder Symmetrie von

Staat und Familie kommt auch in der chinesischen Bezeichnung „guo-jia“ zum Ausdruck; dieser Terminus bezeichnet den Staat und das Staatsvolk, ist aber aus „guo“ = Land/Staat/ Reich und „jia“ = Familie zusammengesetzt.
Den idealen, moralisch vollkommenen Menschen, der alle guten Eigenschaften verkörpert, nennt Konfuzius „jun-zi“[33], ein Terminus, der seine Bedeutung gewandelt hat. Ursprünglich bedeutete „jun-zi“ (wörtlich: Sohn des Herrschers, Sohn des Herrn) Herrscher, Herrschender, war also aristokratisch akzentuiert. Bei Konfuzius bekam dieser Terminus einen neuen Inhalt: Er bezeichnet nun den — konfuzianischen — Idealmenschen. Der sowjetische Sinologe Wasiljew bemerkt sehr treffend, daß der „jun-zi“ einen Komplex von Tugenden darstellt.[34] Dabei ist Vollkommenheit nicht erreichbar, allein das ständige Mühen um Vervollkommnung ist sittlich (siehe zum Beispiel VII,34).
Konfuzius ging davon aus, daß Moral und Macht eine Einheit bilden sollten. In den „Gesprächen“ verschwimmen an verschiedenen Stellen die Konturen zwischen beiden Bedeutungen des Terminus „jun-zi“. Das entspricht letzten Endes wieder dem sozialen Standort des Konfuzius und seiner Bindung an die herrschende Klasse: Als edel akzeptierte er ohnehin nur Vertreter der herrschenden Klasse. So ist von der sozialen Motivierung her diese Interferenz zwischen den beiden Bedeutungsebenen von „jun-zi“ in gewissem Sinne vorprogrammiert. Analoges gilt für das Pendant zu „jun-zi“, den „xiao ren“ = „Der kleine, einfache, gewöhnliche Mann, der Gemeine“. Ursprünglich war damit ein sozialer Stand gemeint. Konfuzius gab diesem Terminus eine neue Bedeutung, machte ihn zu einer moralischen Wertung, in gewissem Sinne zum Mittel einer moralischen Disqualifizierung. Jetzt bezeichnet „xiao ren“ den moralisch niedrigen, gemeinen, im Grunde unkultivierten Menschen. Aber aus den gleichen Gründen wie bei „jun-zi“ verwischen sich auch bei „xiao ren“ an verschiedenen Stellen in den „Gesprächen“ die Konturen zwischen beiden Bedeutungen. Im praktischen Lebensprozeß der Gesellschaft soll die soziale Polarität der Klassen in eine moralische Polarität von „jun-zi“ und „xiao ren“ aufgelöst werden. Gerade auch in diesem Zusammenhang boten sich Ideen des Konfuzianismus als geistiges Herrschaftsinstrument der chinesischen Feudalzeit an.

Zur Bezeichnung der Konfuzianer sowie ihrer Lehre wurde vom 5. Jahrhundert v. u. Z. an der Begriff „ru“ verwendet. Später, in der Han-Zeit (206 v. u. Z. bis 220 u. Z.), begann man den Konfuzianismus als „Ru-jia“ (Ru-Schule) zu bezeichnen. „Ru“ hat — für sich genommen — die Bedeutung von „weich“, „geschmeidig“, „biegsam“. Vermutlich wurden in vorkonfuzianischer Zeit mit „ru“ diejenigen Personen bezeichnet, die bei Kulthandlungen assistierten. Davon ausgehend übertrug man die Bezeichnung auf alle jene, die in den Fragen des Anstands und der Etikette besonders beschlagen und in diesem Sinne besonders gebildet waren. „Ru“ schließt dabei eine Distanzierung von körperlicher Arbeit und sogar eine Geringschätzung der körperlichen Kraft ein. Diese Gesichtspunkte machen die Bezeichnung „Ru-jia“ für den Konfuzianismus verständlich.
Der Konfuzianismus war zunächst eine Strömung unter anderen. Er bestimmte in der Zeit zwischen dem 5. und dem 3. Jahrhundert v. u. Z. durchaus nicht das geistige Leben des damaligen China. Es war vielmehr die „Fa-jia“, die sich zu dieser Zeit immer mehr als herrschende Ideologie in den verschiedenen Teilstaaten Chinas durchsetzte. Da „fa“ „Gesetz“ und „jia“ „Schule“ heißt, wird „Fa-jia“ allgemein mit „Schule der Legisten“ („Legismus“ oder „Legalismus“) übersetzt. War die Maxime des frühen Konfuzianismus „Verändern, um zu erhalten“, so war der Legismus grundsätzlich auf neue gesellschaftliche Beziehungen orientiert. Sein Ziel war nicht — wie etwa beim Konfuzianismus — die hierarchisch abgestufte Gesellschaft; diese galt es vielmehr zu überwinden. Alle sollten gleich sein in der totalen Unterwerfung unter einen despotischen Herrscher. Der Mensch hatte in dieser Ideologie nur noch Sinn als Instrument einer despotischen Macht; er sollte zum Organ des Staates werden. Der Legismus war bildungsfeindlich, antidemokratisch und nach außen aggressiv, aber er repräsentierte, namentlich im 4. und 3. Jahrhundert v. u. Z., den gesellschaftlichen Fortschritt. Er bereitete die Schaffung eines chinesischen Zentralstaates vor. Sein Hauptvertreter war Han Fei-zi (etwa 280—233 v. u. Z.). Im Grunde entsprang der Legismus einem historischen Zwischenstadium zwischen der Gesellschaft der „asiatischen Produktionsweise“ und der Etablierung feudaler Abhängigkeiten.
Bejahte der Legismus den Verfall alter gesellschaftlicher

Zustände und lavierte der Konfuzianismus zwischen Altem und Neuem, so bildete der Daoismus (Dao-jia) die negative Reaktion auf den gesellschaftlichen Fortschritt. Er formierte sich zwischen dem 5. und dem 3. Jahrhundert v. u. Z. Das für das gesamte chinesische Denken wesentliche Prinzip „dao" („Weg") wird hier aus der Gesellschaft herausgehoben und sogar über die Natur gestellt. Es ist hier seinem Wesen nach ein zur Transzendenz erhobenes Menschenbild und Modellverhalten. Insofern erhält das „dao" im Daoismus den Charakter eines allgemeinen Weltgesetzes, das Träger der Bewegung und Veränderung in der Welt ist, selbst aber unbewegt bleibt. Dem „dao" werden Eigenschaften zugeschrieben, nach denen sich der Mensch richten soll. Der Daoismus fordert Bescheidenheit, Verinnerlichung, Passivität und Rückzug von der Gesellschaft. Das Stille hat Vorrang vor dem Lauten, Bewegten, das Nichts vor dem Sein. Fortschritt ist von Übel, die Vergangenheit idyllisch. Das klassische Buch des Daoismus ist das „Dao-de-jing", das „Buch vom Weg und der Tugend". In späteren Zeiten wurde der Daoismus auch zum Mittel eines introvertierten Protestes gegen die gesellschaftlichen Zustände. Es entwickelte sich die daoistische Religion (Dao-jiao) mit Klöstern und Mönchswesen.

Schließlich sei hier noch kurz auf den Mohismus verwiesen. Diese ideologische Strömung geht auf Mo-zi (5. Jahrhundert v. u. Z.) zurück und war Interessenausdruck der niederen Schicht der Stadtbevölkerung. Er erstrebte eine Gesellschaft der allgemeinen Liebe und der Wahrung des Nutzens (der Interessen) aller, und zwar eine Gesellschaft der Kleineigentümer. Der Mohismus reflektierte den bereits erwähnten Prozeß der Entwicklung des Handwerks und seiner gesellschaftlichen Rolle sowie seiner „Emanzipation" von der patriarchalisch-höfischen Kontrolle.

Diese ideologischen Strömungen prägten in der Hauptsache im China der Zeit zwischen 5. und 3. Jahrhundert v. u. Z. das geistige Umfeld des frühen Konfuzianismus.

Im Jahre 221 v. u. Z. wurde auf den Trümmern des alten Zhou-Reiches ein neuer, stark zentralisierter, einheitlicher Staat geschaffen, dessen geistige Grundlage der Legismus war. Er kannte keine Lehnfürsten mehr, sondern nur noch Provinzen und kaiserliche Statthalter. Die unterschiedlichen geistigen Strömungen, die es bisher gab, paßten nicht mehr ins politische Bild dieses Staates. Das war auch der Grund für die bereits erwähnte Bücherverbrennung, die 213 v. u. Z. stattfand.

Zwischen dem Konfuzianismus und der neuen Macht bestand ein besonders starker Widerspruch. Die neue staatliche Ordnung erschien den Konfuzianern als Bruch mit der Vergangenheit, als Abwegigkeit. Die neue Macht der Qin-Dynastie sah im Konfuzianismus die Absicht, die politische Gegenwart mit dem Hinweis auf die Vergangenheit zu diffamieren. Doch die Qin-Dynastie hielt sich nur ganze fünfzehn Jahre. Ihr Sturz dokumentierte, daß der Legismus in „reiner" Form nicht auf Dauer praktizierbar war. Allein nach legistischen Maßstäben war das Reich nicht zu regieren. Ein weiteres wichtiges Moment besteht darin, daß der Legismus zwar progressiv gewesen war in bezug auf die alte, für die Gesellschaft der „asiatischen Produktionsweise" charakteristische Hierarchie, daß er aber der Herausbildung feudaler Abhängigkeiten zugleich im Wege stand. Der Qin-Dynastie folgte im Jahre 206 v. u. Z. die Han-Dynastie. Jetzt änderte sich das Schicksal des Konfuzianismus. Konfuzianismus und Legismus kamen aufeinander zu. Der Gründer der Han-Dynastie, der Kaiser Gao-zu, war der erste, der am Grabe des Konfuzius ein Opfer darbrachte. Die Han-Dynastie übernahm zwar die staatlichen Einrichtungen der Qin, wollte aber die staatliche Macht stärker sozial verankern, um ihr ein festeres Fundament zu geben. Die brutale Gewalt der Qin reichte dafür nicht aus. In dieser Situation bot sich der Konfuzianismus als das geeignete politisch-ideologische Mittel zur Festigung der staatlichen Macht an. Er lieferte die ideologische Grundlage für das bereits charakterisierte Prüfungssystem, das in seinen Anfängen auf die Han-Zeit zurückgeht; er lieferte auch die äußerst wirksame Idee von der prinzipiellen Übereinstimmung (Symmetrie oder Kongruenz) von Staat und Familie und wirkte sozialen Widersprüchen und Konflikten entgegen. Er bildete die Grundlage für die moralische Rechtfertigung der politisch-staatlichen Herrschaft. Die Beamten des Staates waren nun auch die Verkörperung des konfuzianischen Gelehrtentums.

Der Gedanke der staatlichen Einheit — damit aber auch der Machtstellung des Kaisers — wurde durch den Konfuzianismus ethisch untermauert. Durch ihn konnte der Kaiser seine Autorität als Verkörperung des kultischen Zentrums, des angeblichen Mittelpunkts der Zivilisation, stärker politisch ins Spiel bringen.[35] Der Konfuzianismus erwies sich in den folgenden Jahrhunderten als eine Kraft, die die chinesische Kultur stark vereinheitlichte und die immer wieder auf die Einheit des Gesamtreichs hinwirkte. Doch der Konfuzianismus selbst veränderte sich durch seine Bindung an die neue staatliche Macht, vor allem durch die Aufnahme legistischer Elemente; dadurch wurde die Voraussetzung geschaffen, daß der Konfuzianismus zur herrschenden Ideologie wurde, denn als solche war er im Grunde eine Synthese verschiedener Strömungen, deren Hauptelemente jedoch konfuzianischer und legistischer Art waren. Den entscheidenden Beitrag dazu leistete Dong Zhong-shu (179—104 v. u. Z.). Dieser neue, den Bedürfnissen der bestehenden Macht angepaßte Konfuzianismus betonte die überragende Machtstellung des Kaisers und führte zu einer stärkeren Systematisierung sozialer Beziehungen (in Form des Gedankens von den „wu lun", den fünf Grundbeziehungen: Vater — Sohn, älterer Bruder — jüngerer Bruder, Ehemann — Ehefrau, Herrscher — Untertan, Freund — Freund). Ferner arbeitete er die Idee einer Übereinstimmung von gesellschaftlicher Organisation und kosmischer Struktur aus (Übereinstimmung zwischen dem „dao" als „Weg" der Gestirne und dem „dao" als gesellschaftlicher Organisation und Verhaltensweise von Staat, Gesellschaft und Individuen). So wurden zum Beispiel die „wu lun" als Entsprechung der vier Himmelsrichtungen plus Zenit des Himmels gedacht. Mit Hilfe des Konfuzianismus wurde das Verhalten von Mensch und Gesellschaft bis ins einzelne geregelt; es wurde eine Art politisch-soziales Gewebe geschaffen. Dabei wurde die Verehrung des Konfuzius selbst zum politisch-ideologischen Herrschaftsinstrument. Er galt als der Schöpfer dieses ganzen Systems politischer Machtausübung und moralisch-religiöser Anschauungen. Um die Zeitenwende beginnt seine offiziell befohlene Verehrung. Je größer der zeitliche Abstand zum historischen Konfuzius wurde, desto stärker wurde die Konfuzius-Verehrung, „bis man den Schatten für die Person selbst, das Bild für die Wirklichkeit nahm"[36]. Im Jahre 267 befahl der Kaiser, dem Konfuzius viermal im Jahre zu opfern, und zwar ein Rind, ein Schaf und ein Schwein. 480 wurde in der Hauptstadt des Reiches ein Tempel des Konfuzius erbaut. Im Jahre 687 wurde angeordnet, daß in allen Städten des Reiches

Konfuzius-Tempel zu errichten seien.[37] Immer größer wurde die Rolle, die der Konfuzius-Kult im Herrschaftsmechanismus des chinesischen Feudalstaates spielte. Konfuzius galt schließlich als der souveräne Herrscher im Reiche des chinesischen Denkens.[38] Dabei dehnte der Konfuzianismus sein Herrschaftsgebiet auf ganz Ostasien aus.

Vom 12. Jahrhundert an bis ins 19. Jahrhundert hinein war die Stellung des Konfuzianismus in China völlig unangefochten. Vor allem durch Zhu Xi (1130—1200) wurde der Konfuzianismus vollends zum Dogma. Er erstarrte „in einem System von Formen"[39]. Die Worte „Konfuzius sprach" drückten eine bisher nie gekannte geistige Macht aus.

Treffend schrieb der Sinologe Otto Franke: „Was Wunder, wenn der Ruhm dieser hochstilisierten Größe, der nicht minder hell strahlte als der jener ebenso hochstilisierten Herrscher des Altertums, allmählich ins Ungemessene stieg, wenn man dem ‚vollendeten Heiligen' Altäre und Tempel errichtete, die an Zahl, Größe und Pracht fast alle nationalen Heiligtümer übertrafen, wenn seine religiöse Verehrung einen immer wichtigeren Teil im staatlichen Kultus bildete, bis eine verängstigte Regierung im 20. Jahrhundert ihn selbst feierlich zum Gott erklärte! Das Ganze ist die Heiligsprechung eines Systems, das man als das konfuzianische bezeichnet, aber der geschichtliche Konfuzius hat wenig damit zu schaffen."[40]

Daß Konfuzius — es war 1906 — zum Gott erklärt wurde, konnte den Zerfall des politischen konfuzianischen Systems auch nicht mehr verhindern.[41] Dieses System zerfiel mit dem Sturz der Monarchie 1911/12. Sein „Zerfall mußte so sicher folgen wie bei einer sorgsam in einem hermetisch versiegelten Sarg konservierten Mumie, sobald sie mit frischer Luft in Berührung kommt"[42]. Aber im geistigen Leben Chinas hat der Konfuzianismus tiefe Spuren hinterlassen.

Europa erhielt im 17. Jahrhundert durch Jesuitenmissionare Kunde von Konfuzius und seiner Lehre.[43] Die Konfuzius-Rezeption in Europa ist jedoch zu vielgestaltig, als daß sie hier mit wenigen Worten dargestellt werden könnte. Sie verlangt vielmehr eine gesonderte Betrachtung.

Gespräche

Kapitel I

I,1. Konfuzius sprach: Etwas lernen und sich immer wieder darin üben[44] — schafft das nicht auch Befriedigung?
Und wenn von fernher Gleichgesinnte kommen — ist das nicht auch ein Grund zur Freude?
Von den Menschen verkannt zu werden, ohne dabei Verbitterung zu spüren — ist das nicht auch eine Eigenschaft des Edlen?"

I,2. You-zi [ein Schüler des Konfuzius[45]] sprach: „Es gibt selten Menschen, die ihren Eltern mit Ehrfurcht, ihren älteren Brüdern mit Achtung begegnen[46] und die trotzdem gegen die Obrigkeit rebellieren wollen.
Das aber hat es noch nie gegeben: daß einer, der die Rebellion gegen die Obrigkeit nicht will, dennoch Aufruhr und Unordnung stiftet.
Dem Edlen geht es stets vor allem darum, dem Leben einen festen Grund zu geben. Ist der Grund gefestigt, eröffnet sich der rechte Weg.
Ehrfurcht gegenüber den Eltern und Achtung gegenüber den älteren Brüdern — das sind die Wurzeln der Sittlichkeit."[47]

I,3. Konfuzius sprach: „Glatte Worte und heuchlerische Miene — da ist es mit einem guten Charakter[48] meist nicht weit her."

I,4. Zeng-zi [ein Schüler des Konfuzius[49]] sprach: „Täglich prüfe ich mich in dreierlei Hinsicht: War ich anderen gegenüber treu und zuverlässig? War ich aufrichtig im Umgang mit Freunden? Habe ich geübt,[44] was ich gelernt habe?"

I,5. Konfuzius sprach: „Wer einen Staat von tausend Kriegswagen[50] regiert, der muß bei allem, was er tut, korrekt und gewissenhaft sein.

Er muß maßhalten können und die Menschen lieben.
Seine Forderungen an das Volk dürfen nicht willkürlich sein."

I,6. Konfuzius sprach: „Ein junger Mensch soll in der Familie ehrfürchtig und gehorsam gegenüber seinen Eltern sein. Außer Haus begegne er den Menschen so, wie sich ein jüngerer Bruder gegenüber seinem älteren Bruder verhält, mit Achtung und Aufrichtigkeit[51]; er sei durchdrungen von Liebe zu allen und eng mit dem Guten verbunden.
Wenn ihm bei all dem noch Kraft bleibt, dann soll er sich den Büchern widmen."

I,7. [Der Schüler] Zi-xia sprach: „Wer auf Charakter, Tugend und Weisheit Wert legt, nicht aber auf Äußerlichkeiten,
wer immer für seine Eltern da ist und mit Hingabe seinem Herrscher dient,
wer im Umgang mit seinen Freunden immer aufrichtig ist — von einem solchen Menschen sage ich, daß er Bildung hat, auch wenn andere dies bestreiten."

I,8. Konfuzius sprach: „Verhält sich der Edle nicht ernst und würdevoll, dann genießt er keine Achtung. Ist er auch gebildet, so ist aber seine Bildung noch nicht solide.[52]
Sei immer treu, zuverlässig und aufrichtig. Hab keine Freunde, die deiner nicht würdig sind.
Wenn du Fehler gemacht hast, dann scheue dich nicht, sie zu korrigieren."

I,9. Zeng-zi sprach: „Verhalten sich die Menschen beim Tode ihrer Eltern korrekt, wie es das Ritual vorschreibt, und folgen sie dem Weg der Ahnen, dann festigt sich die Moral des Volkes wieder."

I,10. Zi-qin fragte Zi-gong[53]: „Wenn der Meister in einen Staat kommt, dann will er erfahren, wie dort regiert wird. Fragt er danach, oder berichtet man ihm von selbst darüber?"
Zi-gong antwortete: „Der Meister ist freundlich, gutmütig, höflich, zurückhaltend und nachgiebig. Bei einer solchen Haltung gewährt man ihm Einblick. Unterscheidet er sich darin nicht von anderen Menschen?"

I,11. Konfuzius sprach: „Zu Lebzeiten des Vaters folge seinem Willen;
nach dem Tode des Vaters orientiere dich an seinen Taten.
Wenn du lange Zeit nicht vom Weg des Vaters abweichst, kann man sagen, daß du dich ehrfürchtig und pietätvoll verhältst."

I,12. You-zi sprach: „Bei der Anwendung der Riten, bei der Beachtung der Umgangsformen[54] lege man vor allem Wert auf Harmonie.
Der Weg der früheren Könige zeichnete sich dadurch aus, daß sie in den großen wie in den kleinen Dingen des Lebens so handelten. Strebt man in Anbetracht von Schwierigkeiten nach Harmonie, weil man um deren Wert weiß, so ist dieses Ziel nur erreichbar, wenn man sein Handeln den Riten und Zeremonien, den allgemeinen Formen anständigen Umgangs, unterwirft."[55]

I,13. You-zi sprach: „Wer darauf aus ist, seine Pflichten getreulich zu erfüllen, der soll auch halten, was er verspricht. Wer darauf bedacht ist, die allgemeinen Regeln des Umganges und Anstands einzuhalten, wird Schmach und Schande vermeiden. Stütze dich auf jene, die dir immer nahestehen werden, dann hast du einen zuverlässigen Halt."

I,14. Konfuzius sprach: „Der Edle hält maß im Essen, strebt nicht nach Bequemlichkeit im Wohnen;
er handelt klug und redet mit Bedacht.
Er richtet sich an jenen aus, die den rechten Weg gehen.
Von einem solchen Menschen kann man sagen, daß er danach strebt zu lernen."

I,15. [Der Schüler] Zi-gong sprach: „Was ist davon zu halten, wenn ein Armer nicht würdelos schmeichelt und ein Reicher nicht hochmütig ist?"
Der Meister meinte: „Das ist ganz gut. Aber besser ist es, arm zu sein und doch fröhlich, oder reich zu sein und doch die guten Sitten, die Regeln des Anstands und der Höflichkeit, zu lieben."
Zi-gong sagte: „Im ‚Buch der Lieder'[56] heißt es:

‚Wie bei Elfenbein oder Edelstein —
man muß schneiden und polieren,
man muß schleifen und glätten.‘[57]

Was Ihr gesagt habt, hat wohl diese Bedeutung?“
Der Meister antwortete: „Zi-gong, mit dir kann man jetzt anfangen, über das ‚Buch der Lieder‘ zu sprechen. Ich gab dir nur einen Hinweis, und du hast gleich gewußt, worum es geht.“

I,16. Konfuzius sprach: „Es betrübt mich nicht, wenn mich die Menschen nicht kennen, aber es betrübt mich, wenn ich die Menschen nicht kenne.“

Kapitel II

II,1. Konfuzius sprach: „Wer nach sittlichen Grundsätzen regiert, gleicht dem Polarstern;
er behält seinen Platz, und die anderen Sterne umkreisen ihn.“

II,2. Konfuzius sprach: „Das ‚Buch der Lieder‘ enthält dreihundert Stücke. Will man darüber mit einem Satz urteilen, so kann man sagen: Hieraus spricht kein böses, verderbtes Denken.“[58]

II,3. Konfuzius sprach: „Will man Gehorsam durch Gesetze und Ordnung durch Strafe, dann wird sich das Volk den Gesetzen und Strafen zu entziehen versuchen und alle Skrupel verlieren.
Wird hingegen nach sittlichen Grundsätzen regiert und die Ordnung durch Beachtung der Riten und der gewohnten Formen des Umgangs erreicht, so hat das Volk nicht nur Skrupel, sondern es wird auch aus Überzeugung folgen.“[59]

II,4. Konfuzius sprach: „Als ich fünfzehn war, war mein ganzer Wille aufs Lernen ausgerichtet.
Mit dreißig Jahren stand ich fest.
Mit vierzig hatte ich keine Zweifel mehr.
Mit fünfzig kannte ich den Willen des Himmels.
Als ich sechzig war, hatte ich ein feines Gehör, um das Gute

und das Böse, das Wahre und das Falsche herauszuhören. Mit siebzig konnte ich den Wünschen meines Herzens folgen, ohne das Maß zu überschreiten."

II,5. Meng Yi-zi[60] fragte den Meister, wie man sich zu seinen Eltern verhalten soll.
Konfuzius antwortete: „Man soll die Regeln der Achtung und des Gehorsams nicht verletzen."
Als der Meister dann mit [dem Schüler] Fan Chi unterwegs war und dieser den Wagen lenkte, sprach er: „Meng Sun [Meng Yi-zi] fragte mich, wie man sich zu seinen Eltern verhalten solle. Ich habe geantwortet: ‚Man soll die Regeln der Achtung und des Gehorsams nicht verletzen.'"
Fan Chi fragte daraufhin: „Was bedeutet das?"
Der Meister erwiderte: „Zu Lebzeiten der Eltern soll man ihnen so dienen, wie es sich ziemt. Wenn sie gestorben sind, soll man sie dem Ritual gemäß bestatten und ihnen entsprechend Opfer darbringen."[61]

II,6. Meng Wu-bo[62] fragte, welche Pflichten man gegenüber seinen Eltern habe.
Konfuzius antwortete: „Man soll sich so verhalten, daß die Eltern nur dann Sorgen um die Kinder haben müssen, wenn sie krank sind."

II,7. [Der Schüler] Zi-you fragte, wie man sich gegenüber seinen Eltern verhalten solle.
Konfuzius antwortete: „Was man heute im allgemeinen unter Erfüllung der Pflichten gegenüber den Eltern versteht, ist die Sorge um deren Unterhalt.
Doch die Menschen füttern auch ihre Hunde und Pferde.
Wenn man gegenüber den Eltern keine Ehrfurcht hat — welcher Unterschied besteht dann zwischen der Sorge um den Unterhalt der Eltern und der Aufzucht von Hunden und Pferden?"

II,8. [Der Schüler] Zi-xia fragte, wie man sich gegenüber seinen Eltern verhalten solle.
Konfuzius antwortete: „Sich richtig zu benehmen, stets höflich zu sein und dabei eine frohe Miene zu zeigen — das ist es, was meistens so schwerfällt.

Aber ist es etwa schon Ehrerbietung, wenn die Kinder ihren Eltern Arbeit und Mühen abnehmen und ihnen Wein und Speisen vorsetzen?"

II,9. Konfuzius sprach: „Ich unterhielt mich einen ganzen Tag mit Hui[63]. Er hat mir dabei in nichts widersprochen — als wäre er ein Dummkopf. Nachdem er gegangen war, prüfte er sich selbst und war schließlich imstande, das zu tun, was ich ihn gelehrt hatte. Hui ist durchaus kein Dummkopf."

II,10. Konfuzius sprach: „Sieh, welche Mittel ein Mensch verwendet, um seine Ziele zu erreichen;
betrachte die Beweggründe, die sein Handeln bestimmen;
prüfe, worin seine Seele Ruhe findet und was ihn bewegt.
Wie kann ein Mensch da noch sein Wesen verbergen? Wie kann ein Mensch da noch sein Wesen verbergen?"

II,11. Konfuzius sprach: „Wer Altes bewahrt und zugleich neues Wissen und neue Erfahrungen zu gewinnen vermag, der kann den Menschen Lehrer und Vorbild sein."

II,12. Konfuzius sprach: „Der Edle läßt sich nicht wie ein Werkzeug behandeln."

II,13. Zi-gong fragte, was einen Edlen ausmache.
Der Meister antwortete: „Erst handelt er, wie er denkt. Dann spricht er, wie er handelt."

II,14. Konfuzius sprach: „Der Edle verhält sich zu allen gleich, der Gemeine hingegen liebt Kumpanei und Cliquenwirtschaft."[64]

II,15. Konfuzius sprach: „Lernen ohne zu denken — das ist nutzlos.
Denken, ohne etwas gelernt zu haben — das ist verderblich."

II,16. Konfuzius sprach: „Sich mit Irrlehren zu beschäftigen schadet nur."

II,17. Konfuzius sprach: „Zi-lu, ich lehre dich das richtige Verhältnis zum Wissen!

Sei dir bewußt, was du weißt.
Was du hingegen nicht weißt, das gib zu.
Das ist das richtige Verhältnis zum Wissen."

II,18. [Der Schüler] Zi-zhang wollte lernen, um Beamter zu werden.
Der Meister sagte: „Höre viel, halte dich zurück, wenn dir Zweifel kommen, und wähle im übrigen deine Worte mit Bedacht, dann wird es wenig Tadel geben.
Sieh viel, vermeide, was gefährlich ist, und handele im übrigen umsichtig und bedacht,
dann wirst du wenig zu bereuen haben.
Wer beim Reden wenig Anlaß zum Tadel gibt und im Handeln wenig Anlaß zur Reue hat, der kann bestimmt ein öffentliches Amt erhalten."

II,19. Ai-gong[65] [Herrscher von Lu] fragte: „Was muß man tun, damit das Volk gehorcht?"
Konfuzius antwortete: „Wenn man die Aufrechten fördert und sie den Unehrlichen vorzieht, dann wird das Volk gehorchen. Wenn man dagegen die Unehrlichen fördert und sie den Aufrechten vorzieht, dann wird das Volk nicht gehorchen."

II,20. Ji Kang-zi[66] fragte: „Wie kann man erreichen, daß das Volk ehrerbietig und ergeben ist und sich die Menschen gegenseitig zum Guten ermahnen?"
Der Meister antwortete: „Seid gegenüber dem Volk ernst und würdevoll, dann wird es auch Achtung und Ehrerbietung zeigen. Wenn Ihr selbst dafür ein Beispiel gebt, dann wird Euch auch das Volk ergeben sein.
Fördert jene, die es wert sind, und unterweist die, die nichts können.
Dann werden sich die Menschen gegenseitig zum Guten ermahnen."

II,21. Es fragte einer Konfuzius: „Warum bist du nicht an der Regierung beteiligt?"
Der Meister antwortete: „Im ‚Buch der Urkunden'[67] heißt es: ‚Habt Ehrfurcht vor den Eltern! Ehrfurcht vor den Eltern und brüderliche Zuneigung — diese Tugenden wirken in der

Politik.‘ Sie zu pflegen heißt auch, an der Ordnung von Staat und Gesellschaft mitzuwirken. Warum muß man dazu unbedingt Beamter sein?“

II,22. Konfuzius sprach: „Ich kann nicht verstehen, wie ein Mensch ohne Aufrichtigkeit sein kann.
Das ist, als wäre die Deichsel eines Wagens ohne Querstange für das Anspannen der Zugtiere. Wie könnte sich ein solcher Wagen überhaupt fortbewegen?“

II,23. Zi-zhang fragte: „Kann man wissen, was nach zehn Generationen sein wird?“
Konfuzius antwortete: „Die Yin-Dynastie[68] folgte der Xia-Dynastie[69], ihren Sitten und ihrer Ordnung.
Was sie davon verworfen und was sie hinzugefügt hat, weiß man noch. Die Zhou-Dynastie[70] folgte der Yin-Dynastie, deren Sitten und deren Ordnung.
Was sie davon verworfen und was sie hinzugefügt hat, ist ebenfalls bekannt.
Mögen den Zhou auch noch andere folgen, man kann voraussehen, was sein wird, und wenn es sich um eine Spanne von hundert Zeitaltern handelt.“[71]

II,24. Konfuzius sprach: „Wer Geistern opfert, die nicht die der eigenen Ahnen sind, ist ein Schmeichler.
Wer seine Pflicht kennt, sich ihr aber entzieht, ist ein Feigling.“

Kapitel III

III,1. Konfuzius sagte vom Haupt der Familie Ji: „Er hält sich acht Gruppen für rituelle Tänze und Musik.
Wenn er das fertigbringt, was ist ihm dann nicht zuzutrauen?“[72]

III,2. Die drei Adelsgeschlechter des Staates Lu ließen am Schluß ihres Ahnenopfers — sich Rechte des Zhou-Herrschers anmaßend — die Yong-Ode erklingen.
Dazu meinte Konfuzius: „In der Yong-Ode heißt es: ‚Umgeben von Fürsten leitet der Sohn des Himmels — der Herr-

scher der Zhou — ernst und feierlich die Opferzeremonie.'
Was sollen diese Worte in der Ahnenhalle der drei Familien?"

III,3. Konfuzius sprach: „Wer seine Pflichten gegenüber den Menschen nicht kennt, wie kann der die Riten und Umgangsformen einhalten?
Wer seine Pflichten gegenüber den Menschen nicht kennt — wie kann der die Musik verstehen?"

III,4. Lin Fang[73] fragte nach den Regeln feierlicher Bräuche und Zeremonien.
Konfuzius antwortete: „Das ist eine wichtige Frage. Die Zeremonien sollten eher schlicht als prunkvoll sein.
Bei einem Begräbnis ist die Trauer wichtiger als die minutiöse Beachtung der zeremoniellen Regeln."

III,5. Konfuzius sprach: „Wenn auch die Barbaren Herrscher haben — sie sind selbst dann nicht unserem großen Reich vergleichbar, wenn es ohne Herrscher ist."

III,6. Das Haupt der Familie Ji wollte — sich das Recht des Zhou-Herrschers anmaßend — dem Geist des Tai-Berges[74] Opfer darbringen.
Der Meister sagte zu Ran You[75]: „Kannst du das nicht verhindern?"
Ran You antwortete: „Das kann ich nicht!"
Der Meister erwiderte: „Ach! Kann man denn wirklich sagen, daß der Geist des Tai-Berges weniger versteht als Lin Fang und solch ein regel- und sittenwidriges Opfer annimmt?"

III,7. Konfuzius sprach: „Der Edle steht mit niemandem im Wettstreit.
Wenn es überhaupt geschieht, dann höchstens beim Bogenschießen. Hier aber verbeugt man sich vor Beginn. Nach Beendigung des Bogenschießens setzt man sich unter Verbeugungen nieder und trinkt Wein. Ein solcher Wettstreit schickt sich für den Edlen."

III,8. [Der Schüler] Zi-xia fragte: „Was bedeuten die Worte ‚Ein verschmitztes Lächeln macht hübsche Grübchen,
anmutig ist der Glanz schöner Augen,

auf weißem Grund entstehen bunte Muster.'"
Konfuzius antwortete: „Erst kommt der weiße Grund, dann die bunten Muster."
Zi-xia sagte daraufhin: „Die Umgangsformen und Anstandsregeln kommen also erst an zweiter Stelle?"
Der Meister erwiderte: „Zi-xia spricht meine Gedanken aus. Mit ihm kann ich über das ‚Buch der Lieder' zu reden beginnen."

III,9. Konfuzius sprach: „Die Sitten und Bräuche der Xia-Dynastie könnte ich schildern, aber ihre Nachkommen im Staate Ji haben dafür nicht genügend Belege.
Ebenso könnte ich die Sitten und Bräuche der Yin-Dynastie schildern, aber auch bei den Nachkommen im Staate Song gibt es nur unzureichend Belege. Sie hatten zu wenig Dokumente und Urkunden. Sonst könnte ich sie als Beweise anführen."

III,10. Konfuzius sprach: „Bei der großen Opferzeremonie möchte ich vom Darbringen des Weines an nicht mehr zuschauen."[76]

III,11. Jemand bat Konfuzius, ihm die große Opferzeremonie zu erklären.
Konfuzius antwortete: „Ich kann das nicht. Wer das vermag, für den ist es genauso einfach, das Reich zu regieren, wie hierauf" — er deutete auf seine Handfläche — „einen Gegenstand zu legen."

III,12. Konfuzius opferte den Ahnen, als stünden sie vor ihm. Er opferte den Geistern, als wären sie gegenwärtig.
Konfuzius sprach: „Nehme ich nicht selbst an der Opferhandlung teil, so ist es, als hätte ich kein Opfer gebracht.
Man kann sich nicht durch andere vertreten lassen."

III,13. Wang-sund Jia [ein hoher Beamter aus dem Staate Wei] fragte: „Was bedeuten die Worte
‚Es ist besser, den Geist des Herdes günstig zu stimmen als den Geist des inneren Hauses.'"
Konfuzius antwortete: „Diese Worte sind falsch. Wer gegen den Willen des Himmels verstößt, hat niemanden, zu dem er beten kann."[77]

III,14. Konfuzius sprach: „Die Zhou-Dynastie folgt den beiden vorangegangenen Dynastien der Xia und Shang. Wie vornehm und kultiviert! Ich folge Zhou."[78]

III,15. Wenn Konfuzius den großen Ahnentempel betrat, fragte er nach allem, was zu Ritual und Zeremonie gehört. Jemand meinte: „Wie kann man sagen, daß der Sohn des Mannes aus Zou[79] die Riten und Bräuche kennt? Er betritt den großen Ahnentempel und fragt nach jeder Einzelheit."
Der Meister hörte diese Bemerkung und erwiderte: „Auch das entspricht dem Ritual und gehört sich so."

III,16. Konfuzius sprach: „Beim Bogenschießen kommt es nicht darauf an, die Zielscheibe zu durchbohren, denn die Kräfte der Menschen sind ungleich. So jedenfalls hielt man es in alten Zeiten."

III,17. Zi-gong wollte den Brauch abschaffen, wonach am ersten Tag jedes Monats den Ahnen ein Hammel geopfert wird.
Konfuzius sprach: „Dir ist es um den Hammel leid, ich dagegen bin um das Ritual besorgt."[80]

III,18. Konfuzius sprach: „Wenn man dem Herrscher dient und sich dabei streng an die Etikette hält, dann wird das von den Menschen für Schmeichelei gehalten."

III,19. Ding-gong [Herrscher des Staates Lu] fragte den Konfuzius: „Wie soll sich ein Herrscher seiner Beamten bedienen, und wie sollen die Beamten dem Herrscher dienen?"
Konfuzius antwortete: „Der Herrscher möge seine Beamten anständig und höflich behandeln.
Die Beamten sollen dem Herrscher in treuer Ergebenheit dienen."

III,20. Konfuzius sprach: „Das Lied ‚Guan Ju' aus dem ‚Buch der Lieder' drückt Freude aus, ohne Zügellosigkeit zu preisen; es drückt zugleich Trauer aus, ohne niederzudrücken."

III,21. Ai-gong [Herrscher des Staates Lu] fragte Zai Wo[81] nach dem Altar für die Schutzgötter der Heimat.

Zai Wo antwortete: „In der Xia-Dynastie wurde dort eine Kiefer gepflanzt,
die Yin[68] pflanzten eine Zypresse,
und die Zhou pflanzten dort eine Kastanie.[82] Damit sollten wohl die Menschen in Furcht versetzt werden."
Konfuzius hörte davon und sprach: „Gegen Handlungen, die bereits vollzogen sind, soll man keine Einwände erheben. Vergangenes soll man nicht tadeln."
III,22. Konfuzius sprach: „Guan Zhong [Kanzler im Staate Qi][83] hatte im Grunde nur geringe Fähigkeiten."
„War Guan Zhong sparsam?" fragte jemand.
Konfuzius meinte daraufhin: „Er hatte drei Frauen, und für jede Aufgabe hatte er einen speziellen Beamten oder Diener. Wie kann man ihn da für sparsam halten?"
„Dann kannte sich aber doch Guan Zhong in den Fragen des Umgangs und der Zeremonien aus?"
Der Meister antwortete: „Den Fürsten allein kam es zu, vor ihrem Palasttor eine Schutzwand aufzustellen. Doch Guan Zhong maßte sich das Vorrecht eines Fürsten an und hatte ebenfalls einen solchen Schirm vor seinem Tor.
Die Fürsten pflegten bei ihren Zusammenkünften besondere Tische für das Kredenzen von Wein zu benutzen. Guan Zhong tat es ihnen gleich und maßte sich etwas an, was ihm nicht zukam.
Wenn Guan Zhong den Sinn der Zeremonien und Umgangsformen verstanden haben soll, wer würde ihn dann wohl nicht verstehen?"

III,23. Konfuzius sprach mit dem Hofmusikmeister des Staates Lu über Musik; er sagte: „Der Einsatz sei gleichmäßig; dann erklinge alles voller Harmonie, klar und deutlich — und so fortlaufend bis zum Schluß."

III,24. Der Grenzwart von Yi bat um ein Gespräch mit Konfuzius; er sagte: „Wenn ein Edler hier vorbeikam, wurde es mir noch nie versagt, ihn zu sehen."
Daraufhin wurde er bei Konfuzius eingeführt.
Als er wieder ging, sagte er zu den Schülern des Konfuzius: „Warum seid ihr betrübt, daß euer Meister sein Amt verloren hat? Die Welt war lange Zeit ohne den rechten Weg. Jetzt will der Himmel sie mit eurem Meister erwecken — wie mit einer Glocke."

III,25. Konfuzius sagte von der Musik des alten Kaisers Shun: „Sie ist vollendeter Wohlklang und zugleich vollendeter Ausdruck edler Gesinnung.“
Zur Musik des kriegerischen Königs Wu meinte er: „Auch sie ist sehr wohlklingend, aber sie drückt nicht in höchster Weise edle Gesinnung aus.“

III,26. Konfuzius sprach: „Eine hohe Stellung bekleiden und keinen Großmut zeigen, die Vorschriften des Rituals ohne Ehrfurcht ausführen, den Bräuchen bei Begräbnis und Trauer ohne inneren Schmerz nachkommen — wie soll ich das mit ansehen?“

Kapitel IV

IV,1. Konfuzius sprach: „Das Leben an einem Ort ist erst dann schön, wenn die Menschen ein gutes Verhältnis zueinander haben. Wie kann man einen Menschen weise nennen, der sich's aussuchen kann und sich doch nicht dort niederläßt, wo die Menschen gut zueinander sind?“

IV,2. Konfuzius sprach: „Wer ohne Sittlichkeit ist,[84] wird ein Leben in Bedrängnis nicht lange aushalten können. Er wird auch kaum lange in Freude leben.
Wer hingegen zu anderen Menschen gut ist, findet darin Zufriedenheit. Darum ist der Weise immer bestrebt, sich so zu verhalten.“

IV,3. Konfuzius sprach: „Nur wer selbst gut ist, hat auch ein richtiges Maß, um andere zu lieben oder zu hassen.“

IV,4. Konfuzius sprach: „Wollten alle das Gute, dann gäbe es nichts Böses mehr.“

IV,5. Konfuzius sprach: „Reichtum und Ansehen — das wünschen sich die Menschen.
Kann man jedoch nicht auf anständige Weise dazu gelangen, dann soll man sich weder um das eine noch um das andere bemühen.
Armut und niedere Stellung — das mögen die Menschen nicht.

Ist es nicht auf anständige Weise zu schaffen, dann sollte man dieser Situation nicht zu entweichen suchen.
Entfernt sich der Edle von den Normen korrekten, sittlichen Verhaltens — wie verdient er dann noch diesen Namen? Er verletzt sie nicht einmal für die Dauer einer Mahlzeit. Er steht zu ihnen, was auch kommen mag."

IV,6. Konfuzius sprach: „Ich habe keinen Menschen kennengelernt, der das Gute wirklich liebt, und keinen, der das Böse wirklich verabscheut.
Wer das Gute wirklich liebt, läßt sich darin nicht übertreffen. Wer das Böse wirklich verabscheut, handelt nach den Grundsätzen von Moral und Sittlichkeit; er hält von sich fern, was ihnen zuwiderläuft.
Gibt es etwa Menschen, die nicht die Kraft hätten, sich einen Tag lang für das Gute einzusetzen? Solche Menschen gibt es vielleicht, aber ich kenne keinen."

IV,7. Konfuzius sprach: „Die Verfehlungen, die begangen werden, entsprechen der Sorte von Leuten, die sie begehen. An seinen Fehlern kann man einen Menschen erkennen."

IV,8. Konfuzius sprach: „Wer am Morgen den rechten Weg erkannt hat, könnte am Abend getrost sterben."

IV,9. Konfuzius sprach: „Mit einem Menschen zu reden, der zwar nach dem rechten Weg strebt, sich dabei aber schlechter Kleidung und einfacher Speise schämt, ist unbefriedigend."

IV,10. Konfuzius sprach: „Der Edle steht den Dingen dieser Welt vorurteilslos gegenüber. Nur an das Rechte hält er sich."

IV,11. Konfuzius sprach: „Dem Edlen geht es um innere Werte, der Gemeine hingegen ist auf Materielles aus.
Der Edle denkt an die richtigen Vorbilder, der Gemeine strebt nach Gunst."

IV,12. Konfuzius sprach: „Wer immer den eigenen Vorteil sucht, bekommt Ärger."

IV,13. Konfuzius sprach: „Einen Staat regieren und damit die Menschen so behandeln, wie es ihnen zukommt — was dürfte denn das für Schwierigkeiten machen?
Ein Herrscher, der das nicht vermag — was gelten dem Anstand, Höflichkeit und herkömmliche Umgangsformen?"

IV,14. Konfuzius sprach: „Es bekümmert mich nicht, daß ich ohne Amt und Würden bin.
Ich sorge mich vielmehr, daß es mir an Fähigkeiten und eigenem Vermögen mangelt.
Auch betrübt es mich nicht, unbekannt zu sein.
Es geht mir nur darum, würdig zu sein, daß man mich kennt."

IV,15. Konfuzius sprach: „Zeng Shen,[49] es gibt einen Gedanken, der sich wie ein roter Faden durch meine Lehre zieht."
Zeng-zi bejahte.
Nachdem der Meister gegangen war, fragten die Schüler: „Was bedeutet das?", und Zeng-zi sagte daraufhin:
„Treu sein und immer das Rechte tun[85] — das ist der Weg[86] des Meisters, und nichts weiter!"

IV,16. Konfuzius sprach: „Der Edle ist mit seinen Pflichten vertraut; der Gemeine sieht nur den eigenen Vorteil."

IV,17. Konfuzius sprach: „Triffst du einen wertvollen Menschen, dann sei darauf bedacht, ihm gleich zu werden. Siehst du hingegen einen Unwürdigen, dann wende dich deinem Inneren zu und prüfe dich selbst."

IV,18. Konfuzius sprach: „Dienst du deinen Eltern, dann kannst du ihnen auch in gebotener Zurückhaltung widersprechen. Siehst du aber, daß sie nicht gewillt sind, dir zu folgen, dann sei weiterhin ehrerbietig und widersetze dich nicht.
Mühe dich für sie, ohne zu murren."

IV,19. Konfuzius sprach: „Zu Lebzeiten der Eltern soll man nicht in die Ferne ziehen. Verläßt man sie aber doch, dann muß man einen festen Wohnsitz haben."

IV,20. Konfuzius sprach: „Wer lange Zeit nicht vom Weg des Vaters abweicht, von dem kann man sagen, daß er sich ehrfürchtig und pietätvoll verhält."

IV,21. Konfuzius sprach: „Das Alter der Eltern muß einem ständig bewußt sein;
es ist einerseits Grund zur Freude, andererseits Anlaß zur Sorge."

IV,22. Konfuzius sprach: „In alten Zeiten gingen die Leute nicht so leichtfertig mit der Sprache um, denn sie hatten Skrupel, daß sie hinter ihren eigenen Worten zurückbleiben könnten."

IV,23. Konfuzius sprach: „Wer sich selbst in der Gewalt hat, macht selten Fehler."[87]

IV,24. Konfuzius sprach: „Der Edle ist bedacht in seinen Worten und klug in seinem Handeln."

IV,25. Konfuzius sprach: „Tugend steht nicht allein. Wer das Rechte tut, wird bestimmt Freunde finden."

IV,26. Zi-you sagte: „Wer einem Herrscher Vorwürfe macht, fällt in Ungnade.
Wer seinen Freunden zu viele Vorwürfe macht, wird einsam."

Kapitel V

V,1. Konfuzius sagte von [seinem Schüler] Gong-ye Chang: „Er taugt für die Ehe. Zwar war er im Gefängnis, aber es war nicht seine Schuld."
Er gab ihm seine Tochter zur Frau.

V,2. Konfuzius sagte von [seinem Schüler] Nan Rong: „Ist das Land unter einer guten Regierung, verzichtet man nicht auf ihn.
Unter einer schlechten Regierung versteht er es, der Verfolgung zu entgehen."
Er gab ihm die Tochter seines älteren Bruders zur Frau.

V,3. Konfuzius sagte von seinem Schüler Zi-jian: „Er ist in der Tat ein hervorragender Mensch. Wenn es im Staate Lu nicht schon Edle gäbe, wie hätte er dann so werden können?"

V,4. [Der Schüler] Zi-gong fragte: „Was hält man von mir?"
Konfuzius antwortete: „Du bist ein Gefäß."
„Was für ein Gefäß?" wollte Zi-gong wissen.
„Ein wertvolles Opfergefäß", sagte Konfuzius.[88]

V,5. Jemand sagte: „[Der Schüler] Ran Yong ist zwar ein guter Mensch, aber er ist nicht redegewandt."
Konfuzius bemerkte daraufhin: „Wozu braucht man Zungenfertigkeit? Wer schnell mit dem Wort ist, macht sich oft unbeliebt. Wer nichts von Moral und Sittlichkeit weiß, wozu braucht der redegewandt zu sein?"

V,6. Konfuzius wollte, daß [sein Schüler] Qi-diao Kai ein öffentliches Amt übernimmt. Dieser entgegnete: „Das traue ich mir noch nicht zu." Der Meister war über diese Antwort sehr erfreut.[89]

V,7. Konfuzius sprach: „Die Welt geht nicht den rechten Weg. Ich möchte am liebsten ein Floß nehmen und aufs Meer hinausfahren. Zi-lu würde mich dabei wohl als einziger begleiten."
Zi-lu freute sich, als er davon hörte. Konfuzius aber bemerkte daraufhin: „Er übertrifft mich zwar an Wagemut, aber man kann ihn sich nicht zum Vorbild nehmen."

V,8. Meng Wu-bo[62] fragte Konfuzius, ob sich Zi-lu zu anderen Menschen stets richtig verhalte.
Der Meister erwiderte: „Ich weiß es nicht."
Daraufhin wiederholte Meng Wu-bo seine Frage.
Da sagte Konfuzius: „Ihm kann man das Militärwesen eines Staates von tausend Kriegswagen[50] übertragen. Ob er sich aber zu anderen Menschen stets richtig verhält, das weiß ich nicht."
Meng Wu-bo fragte weiter: „Und wie steht es mit Ran Qiu?"
„Qiu kann man zum obersten Beamten für einen Ort von tausend Familien oder eine Macht von hundert Kriegswagen er-

nennen. Ob er sich aber zu anderen Menschen stets richtig verhält, das weiß ich nicht."
„Und wie ist es mit Zi-hua?"[90]
Konfuzius antwortete: „Zi-hua kann man damit betrauen, im festlichen Gewand bei Hofe die Gäste zu empfangen. Ich weiß jedoch auch bei ihm nicht, ob er sich stets richtig zu anderen Menschen verhält."

V,9. Konfuzius sagte zu [dem Schüler] Zi-gong: „Du und Yan Hui, wer von euch beiden ist besser?"
Zi-gong erwiderte: „Wie könnte ich es wagen, mich mit Hui zu vergleichen? Hui vermag, wenn er etwas über eine Sache hört, diese zugleich völlig zu erfassen. Ich hingegen kann lediglich von einem Gesichtspunkt auf einen zweiten schließen."
Der Meister sagte daraufhin: „Du kommst ihm nicht gleich. Ich stimme mit dir darin überein, daß du nicht an ihn heranreichst."

V,10. Zai Wo schlief am hellichten Tag. Konfuzius sprach: „Faules Holz kann man nicht schnitzen. Eine Wand aus Kot und Kehricht kann man nicht anstreichen. Was hat es für einen Zweck, Zai Wo zu tadeln?"
Der Meister sprach weiter: „Früher vertraute ich den Menschen, wenn ich nur ihre Worte hörte. Heute hingegen höre ich die Worte der Menschen, betrachte aber zugleich auch ihre Taten. Zai Wo gab mir Anlaß, mich zu ändern."

V,11. Konfuzius sprach: „Ich habe noch keinen wirklich standhaften und unbeugsamen Menschen gesehen."
Jemand erwiderte: „Shen Cheng ist ein solcher Mensch."
Der Meister bemerkte dazu: „Cheng wird von seinen Leidenschaften beherrscht. Wie kann er da standhaft und unbeugsam sein?"

V,12. Zi-gong sprach: „Was man mir nicht antun soll, das will auch ich anderen Menschen nicht antun."
Konfuzius aber sagte: „So zu handeln vermagst du noch nicht."

V,13. Zi-gong sprach: „Von des Meisters Bildung kann man

lernen.[91] Über die Natur des Menschen[92] und den Weg des Himmels[93] aber ist von ihm nichts zu vernehmen."

V,14. Zi-lu war stets bange, daß er neues Wissen aufnehmen sollte, ohne das alte schon anwenden zu können.

V,15. Zi-gong fragte: „Aus welchem Grund hat man Kong Wen-zi[94] den Namen ‚Wen' [‚Der Gebildete'] gegeben?"
Der Meister antwortete: „Er war schnell von Begriff und liebte das Lernen; er scheute sich nicht, Menschen von niederem Rang um Rat zu fragen. Deshalb nannte man ihn den Gebildeten."

V,16. Konfuzius sagte von Zi-chan[95]: „In vier Dingen war er wie ein Edler: Sein Verhalten war höflich;
ehrerbietig diente er seinem Herrscher;
er tat Gutes für das Volk,
und er behandelte es korrekt."

V,17. Konfuzius sprach: „Yan Ping-zhong[96] war sehr verträglich. Auch wenn er einen Menschen sehr lange kannte, nahm er sich nichts heraus; er blieb immer höflich."

V,18 Konfuzius sprach: „Zang Wen-zhong[97] besaß eine große Schildkröte. Für sie hatte er ein eigenes Haus mit prächtigen Säulen und vielen kunstvollen Verzierungen. Ist so etwas etwa weise?"

V,19. [Der Schüler] Zi-zhang fragte: „Zi-wen[98] hatte dreimal das Amt eines Kanzlers inne, ohne sich an der Macht zu ergötzen. Dreimal wurde er seines Amtes enthoben, ohne darüber verärgert zu sein. Er hielt es stets für seine Pflicht, den Nachfolger in das Amt einzuführen. Was ist von diesem Mann zu halten?"
Konfuzius antwortete: „Er war voll Ergebenheit."
Zi-zhang fragte weiter: „War er ein moralischer Mensch?"
Der Meister sagte daraufhin: „Ich weiß es nicht. Warum sollten wir ihn so bezeichnen?"
Zi-zhang fuhr fort: „Als Cui-zi[99] den Herrscher von Qi ermordete, gab [der Beamte] Chen Wen-zi auf, was er besaß, und verließ den Staat Qi. In einem anderen Staat angekommen,

sagte er: ‚Die hier verhalten sich ja genauso wie bei uns dieser Cui-zi.‘ Er ging in den nächsten Staat, und er sagte wieder: ‚Die hier sind auch so wie bei uns dieser Cui-zi.‘ Dort blieb er auch nicht. Was haltet Ihr von diesem Chen Wen-zi?“
Der Meister antwortete: „Er blieb sauber.“
„War er ein moralischer Mensch?“
Konfuzius meinte: „Ich weiß es nicht. Warum sollten wir ihn so bezeichnen?“

V,20. Ji Wen-zi [hoher Beamter im Staat Lu] überlegte dreimal, ehe er handelte. Konfuzius hörte davon und sagte: „Zweimal — das reicht schon aus.“

V,21. Konfuzius sprach: „Solange es gut um den Staat bestellt war, trat [der Minister] Ning Wu-zi wie ein Weiser auf. Als aber das Land in Unordnung geriet, gab er sich wie ein Tor.[100] In seiner Weisheit können ihm andere wohl gleichkommen. In seiner Torheit ist er unerreichbar.“

V,22. Als Konfuzius im Staate Chen war, sagte er: „Laßt uns zurückkehren! Laßt uns zurückkehren! Meine Schüler sind voll Eifer und Begeisterung, sie haben auch Bildung. Aber sie vermögen nicht, sich selbst Fasson zu geben.“

V,23. Konfuzius sprach: „Bo-yi und Shu-qi [zwei Prinzen aus der Shang-Dynastie] rührten nicht immer wieder alten Haß auf; deshalb begegneten ihnen andere Menschen selten mit Groll.“

V,24. Konfuzius sprach: „Wer behauptet, Wei-sheng Gao[101] sei aufrichtig? Als sich jemand von ihm Essig erbat, ging er erst zu seinem Nachbarn und borgte sich welchen, um ihn dann weiterzugeben, als wäre es sein eigener.“

V,25. Konfuzius sprach: „Zuo Qiu-ming[102] waren schöne Worte, eine einschmeichelnde Miene und Liebedienerei peinlich. Mir ist das auch peinlich.
Zuo Qiu-ming lehnte es ab, seine Abneigung gegenüber einem Menschen zu verbergen und so zu tun, als sei er sein Freund. Bei mir ist es ebenso.“

V,26. Als [seine Schüler] Yan Hui und Zi-lu bei ihm waren, sprach Konfuzius: „Sagt mir, welche Wünsche jeder von euch beiden hat."
Zi-lu antwortete: „Ich hätte gern Wagen, Pferde und zum Anziehen feine Pelze. Ich würde diese Dinge mit meinen Freunden teilen. Auch wenn sie dadurch schneller entzweigingen, es würde mich nicht bekümmern."
Yan Hui antwortete auf die Frage des Meisters: „Ich wünschte mir, daß ich mich nicht selbst lobe, nicht mich guter Eigenschaften rühme und nicht mit meinen Verdiensten prahle."
Zi-lu bemerkte dann: „Wir würden gern die Wünsche des Meisters erfahren."
Konfuzius sprach: „Den Alten ein Leben in Ruhe und Frieden gönnen, das Vertrauen meiner Freunde haben, den Sinn für die Jugend bewahren —
das sind meine Wünsche."[103]

V,27. Konfuzius sprach: „Es hat alles keinen Sinn. Ich habe noch niemanden getroffen, der seine eigenen Fehler sieht und sich dabei selbst anklagt."

V,28. Konfuzius sprach: „Selbst wo nur zehn Familien zusammen wohnen, gibt es bestimmt Leute, die mir in Treue und Aufrichtigkeit gleichen. Aber keiner strebt danach, zu lernen wie ich."

Kapitel VI

VI,1. Konfuzius sprach: „Dem Ran Yong könnte man einen Staat anvertrauen."[104]

VI,2. [Der Schüler] Ran Yong fragte nach Zi-sang Bo-zi[105].
Konfuzius antwortete: „Er ist ganz gut, er ist nur zu tolerant."
Ran Yong meinte: „Regiert jemand das Volk mit Toleranz, der von seiner inneren Natur her darauf bedacht ist, die Regeln und Prinzipien zu achten, so mag das angehen.
Aber großzügig von Gesinnung und zugleich tolerant im Handeln sein — ist das nicht ein Zuviel an Großzügigkeit?"
Konfuzius erwiderte: „Du hast recht."

VI,3. Ai-gong [Herrscher von Lu] fragte Konfuzius, wer von seinen Schülern großen Lerneifer habe.
Der Meister antwortete: „Yan Hui liebte das Lernen.
Nie ließ er Ärger an anderen aus.
Keinen Fehler machte er zweimal.
Leider ist er früh gestorben. Ich habe keinen wieder getroffen, der so lerneifrig ist, wie er es war."

VI,4. [Der Konfuzius-Schüler] Zi-hua ging als Gesandter nach Qi. Da bat Ran Qiu [ein anderer Schüler des Meisters] um Korn für Zi-huas Mutter.
Konfuzius sagte: „Gib ihr ein fu."
Doch Ran Qiu erbat mehr.
„Gib ihr ein yu!" sagte daraufhin der Meister.
Ran Qiu gab ihr aber fünf bing.[106]
Konfuzius meinte dazu: „Als sich Zi-hua in den Staat Qi begab, hatte er wohlgenährte Pferde vor seinem Wagen; er trug feines Pelzwerk.
Ich habe zwar gehört, daß der Edle dem Bedürftigen gibt, aber nicht, daß er einen Reichen noch reicher macht."

VI,5. [Der Schüler] Yuan Si wurde Präfekt. Dafür sollte er 900 Maß Getreide bekommen. Er aber wollte ablehnen. Konfuzius jedoch sprach: „Lehne es nicht ab. Hast du zuviel, so gib es anderen, deinen Nachbarn und Landsleuten."

VI,6. Der Meister kam auf [seinen Schüler] Zhong-gong zu sprechen, dessen Vater ein schlechter Mensch war:
„Nehmen wir einmal an, ein Kalb hat ein rotbraunes Fell und gleichmäßige Hörner, aber die Menschen wollten es nicht, weil es das Kalb einer scheckigen Kuh ist —
würden es etwa darum die Geister der Berge und Flüsse ablehnen?"[107]

VI,7. Konfuzius sprach: „Yan Hui war imstande, drei Monate lang nichts Unrechtes zu denken. Die anderen können das immer nur kurze Zeit."

VI,8. Ji Kang-zi[66] fragte, ob man Zi-lu mit Regierungsaufgaben betrauen könne.
Konfuzius antwortete: „Zi-lu ist in seinen Entschlüssen sicher.

Welche Schwierigkeiten sollte es da geben?"
Ji Kang-zi fragte weiter: „Und Zi-gong — kann man ihn mit Regierungsaufgaben betrauen?"
Hierauf sagte der Meister: „Zi-gong blickt auf den Grund der Dinge. Sollte er sich da nicht auch für Regierungsaufgaben eignen?"
Ji Kang-zi fragte erneut: „Und wie steht es mit Ran Qiu?"
Der Meister erwiderte: „Ran Qiu hat Talent. Aus welchem Grunde sollte er nicht für die Regierung taugen?"

VI,9. Das Haupt der Familie Ji[72] sandte einen Boten zu [dem Schüler] Min Zi-qian, um ihm das Amt des Präfekten von Bi[108] anzutragen. Min Zi-qian entgegnete: „Lehne du für mich dieses Angebot höflich ab. Sollte mich wieder einmal jemand in dieser Angelegenheit behelligen, werde ich außer Landes sein."[109]

VI,10. [Der Schüler] Bo-niu war krank, Konfuzius erkundigte sich nach seinem Befinden; er ergriff vom Fenster aus seine Hand und sagte: „Es geht mit ihm zu Ende. Das Schicksal will es so.
Daß ein Mann wie er eine solche Krankheit hat! Daß ein Mann wie er eine solche Krankheit hat!"[110]

VI,11. Konfuzius sprach: „Wie weise[111] war doch Yan Hui! Nur eine Schüssel voll Reis und eine Kürbisschale voll Wasser und dazu noch armselig wohnen — andere Menschen würden ein so trauriges Leben gar nicht aushalten.
Hui hingegen bewahrte seine Fröhlichkeit. Wie weise war er doch!"

VI,12. Ran Qiu sagte: „Nicht, daß ich an der Lehre des Meisters keinen Gefallen fände — nur, meine Kräfte reichen dafür nicht aus."
Konfuzius erwiderte: „Reichen die Kräfte nicht aus, so gibt man auf halber Strecke auf. Du aber machst dich gar nicht erst auf den Weg."

VI,13. Konfuzius sprach zu Zi-xia: „Sei als Gelehrter ein Edler; folge nicht den niedrigen Beweggründen eines gewöhnlichen Menschen."[112]

VI,14. Zi-you war Präfekt von Wu-cheng.
Konfuzius fragte ihn: „Hast du hier geeignete Menschen gefunden?"
Zi-you erwiderte: „Es gibt hier einen mit Namen Tan-tai Mie-ming, er sucht keine Schleichwege. Nur in öffentlichen Angelegenheiten ist er bisher in mein Haus gekommen."

VI,15. Konfuzius sprach: „Meng Zhi-fan ist kein Angeber. Als die Truppen nach einer verlorenen Schlacht fliehen mußten, war er der letzte.
Erst als sie durch das Stadttor ritten, trieb er sein Pferd an und sprach:
‚Ich komme nicht deshalb als letzter, weil ich besonders mutig wäre. Mein Pferd wollte nicht laufen — das ist der Grund.'"[113]

VI,16. Konfuzius sprach: „Ohne Beredsamkeit, nur mit Schönheit wird man in der Welt von heute schwerlich bestehen können."

VI,17. Konfuzius sprach: „Wer kann das Haus verlassen, ohne durch die Tür zu gehen?
Warum nehmen die Menschen nicht den rechten Weg?"

VI,18. Konfuzius sprach: „Ist ein Mensch mehr natürlich als gebildet, dann ist er unkultiviert.
Unterdrückt die Bildung eines Menschen seine Natur, dann ist er eine Schreiberseele.
Erst wenn Bildung und Natur ausgeglichen sind, ist man ein Edler."

VI,19. Konfuzius sprach: „Das Leben des Menschen gründet sich auf Geradheit und Aufrichtigkeit.
Ohne sie ist es abhängig von glücklichen Zufällen."

VI,20. Konfuzius sprach: „Etwas zu mögen ist besser, als es nur zu kennen.
Noch besser ist es aber, dadurch Freude zu gewinnen."

VI,21. Konfuzius sprach: „Wer sich über den Durchschnitt erhebt, mit dem kann man über Großes reden. Dies ist nicht möglich mit einem Menschen, der unter dem Durchschnitt steht."

VI,22. [Der Schüler] Fan Chi fragte, was Weisheit sei.
Konfuzius antwortete: „Zu den Pflichten stehen, die man gegenüber dem Volke hat,
die Geister verehren, aber nicht darin aufgehen —
das kann man Weisheit nennen."
Fan Chi fragte dann, was sittliches Verhalten sei.
„Erst die Mühe[114], dann der Lohn —
so verhält man sich richtig", erwiderte Konfuzius.

VI,23. Konfuzius sprach: „Wer auf die Kenntnis der äußeren Dinge aus ist, findet Freude am Wasser.
Wem es aber um sittliche Vollkommenheit geht, der erfreut sich an den Bergen.
Der eine ist ständig in Bewegung, der andere voll innerer Ruhe.
Der eine findet Vergnügen, der andere hat ein langes Leben."[115]

VI,24. Konfuzius sprach: „Würde sich der Staat Qi wandeln, käme er dem Staate Lu gleich.
Würde sich der Staat Lu reformieren, dann käme er auf den rechten Weg."

VI,25. Konfuzius sprach: „Ein viereckiges Gefäß ohne vier Ecken — was für ein sonderbares viereckiges Gefäß ist das!"[116]

VI,26. [Der Schüler] Zai Wo fragte: „Wenn man einem Menschen, der nach dem Ideal des rechten, sittlichen Verhaltens strebt, sagt, ‚Dort im Brunnen ist dein Ideal', dann springt er wohl sofort hinunter?" Konfuzius erwiderte: „Warum sollte er das tun? Einen Edlen fortschicken, so daß er nicht wiederkommt — das kann man. Ihm aber eine Falle stellen, das geht nicht. Man kann ihn zwar betrügen, aber nicht zum Narren halten."

VI,27. Konfuzius sprach: „Der Edle, der eine gute Bildung hat und sich den Riten und Anstandsregeln unterwirft, wird wohl imstande sein, Fehltritte zu vermeiden."

VI,28. Konfuzius stattete Nan-zi [Gemahlin des Herrschers von Wei] einen Besuch ab.
Sein Schüler Zi-lu war darüber nicht erfreut und hatte starke Bedenken.
Da sprach der Meister: „Wenn ich unrecht gehandelt haben sollte, dann mag mich der Himmel verdammen, dann mag mich der Himmel verdammen.“[117]

VI,29. Konfuzius sprach: „Maß und Mitte bewahren — das ist die höchste Tugend.
Sie ist selten geworden, seit langem schon.“

VI,30. [Der Schüler] Zi-gong fragte: „Nehmen wir an, es gibt einen Menschen, der viel Gutes für das Volk tut und der allen seine Hilfe angedeihen läßt — was würdet Ihr von ihm halten? Könnte man das als echtes sittliches Verhalten gegenüber den Mitmenschen, als Menschenliebe, bezeichnen?“
Konfuzius antwortete: „Warum nur als Menschenliebe? Muß man nicht sagen, es ist der höchste Grad moralischer Vollkommenheit? Eine Stufe, die selbst die alten Kaiser Yao und Shun[118] nicht zu erreichen vermochten!
Wer den Grundsätzen des sittlichen Verhaltens folgt, will sich und andere daran aufrichten.
Er will, daß ihm das gelingt und daß es auch anderen gelingt.
Das Naheliegende tun können und sich dabei an anderen ein Beispiel nehmen — das ist die rechte Art des Verhaltens.“

Kapitel VII

VII,1. Konfuzius sprach: „Ich übermittle, aber ich schaffe nichts Neues. Ich glaue an das Alte und liebe es. Darin vergleiche ich mich unserem Lao Peng.“[119]

VII,2. Konfuzius sprach: „Voll innerer Ruhe alles Wissen bewahren; lernen, ohne Überdruß zu empfinden; andere unterweisen, ohne dabei zu ermüden — was gelingt mir davon schon?“

VII,3. Konfuzius sprach: „Moral und Charakter werden vernachlässigt. Was gelernt werden soll, wird nicht erklärt.

Man kennt die Pflichten, aber man kommt ihnen nicht nach. Was an einem nicht gut ist, vermag man nicht zu ändern. Das sind Dinge, die mir Sorge bereiten."

VII,4. Wenn der Meister Muße hatte, wirkte er entspannt und heiter.

VII,5. Konfuzius sprach: „Wie geht es doch abwärts mit mir! Schon lange ist mir der Zhou-gong nicht mehr im Traum erschienen."[120]

VII,6. Konfuzius sprach: „Folge dem rechten Weg; richte dich am Guten aus; tu, was sich gehört[121]; erfreue dich an den Künsten."

VII,7. Konfuzius sprach: „Ich habe niemandem — sofern er nur etwas, und war es noch so wenig, mitbrachte — jemals die Unterweisung verweigert."[122]

VII,8. Konfuzius sprach: „Wer nicht danach strebt, dem eröffne ich nicht die Wahrheit.
Wer nicht selbst nach den rechten Worten sucht, den unterweise ich nicht. Nehmen wir an, ich zeige jemandem eine Ecke, und er vermag es nicht, dadurch auf die anderen drei Ecken zu schließen, dann wiederhole ich nicht."

VII,9. An der Seite eines Trauernden hat sich der Meister niemals satt gegessen.

VII,10. Hatte der Meister an einem Tage geweint, so sang er am selben Tage nicht mehr.

VII,11. Konfuzius sprach zu Yan Hui: „Wird man gebraucht, erfüllt man seine Pflicht.
Wird man nicht mehr gebraucht, so zieht man sich zurück.
Nur ich und du handeln so."
Zi-lu fragte: „Hätte der Meister ein großes Heer zu führen, wen würde er dann neben sich haben wollen?"
Konfuzius antwortete: „Wer sich mit bloßen Händen auf einen Tiger wirft, ohne Boot den Fluß überquert und sich ohne weiteres in den Tod stürzt, den würde ich nicht nehmen.

Es müßte einer sein, der mit Vorsicht an die Dinge herangeht, der alles sorgsam bedenkt und schließlich auch zustande bringt, was er plant."

VII,12. Konfuzius sprach: „Könnte man auf rechtem Wege reich werden, würde ich das auch wollen, und wenn ich dafür als Reitknecht dienen müßte. Da man dies aber nicht kann, folge ich meinen eigenen Neigungen."

VII,13. Fasten, Krieg und Krankheit — dabei verhielt sich der Meister besonders vorsichtig.

VII,14. Nachdem der Meister im Staate Qi die Musik des alten Kaisers Shun gehört hatte, vergaß er für drei Monate den Geschmack des Fleisches.
Er sprach: „Ich habe nicht geahnt, daß Musik eine solche Wirkung haben kann."[123]

VII,15. [Der Schüler] Ran Qiu fragte: „Ist der Meister für den Herrscher von Wei?" Zi-gong versprach, ihn zu fragen; er ging hinein und sagte:
„Was für Menschen waren Bo-yi und Shu-qi?"
„Zwei Weise des Altertums", war die Antwort.
Zi-gong fragte weiter: „Beide hatten sie doch auf die Macht verzichtet. Waren sie deshalb mit ihrem Schicksal unzufrieden?"
Konfuzius antwortete: „Sie strebten nach dem Rechten, und sie erreichten es. Wieso sollten sie unzufrieden gewesen sein?"
Zi-gong ging daraufhin wieder hinaus und sprach: „Der Meister ist nicht für den Herrscher von Wei."[124]

VII,16. Konfuzius sprach: „Einfachste Nahrung, zum Trinken nur Wasser und den gekrümmten Arm als Kopfkissen — auch dabei kann man glücklich sein.
Hingegen sind unrechtmäßig erworbene Reichtümer und Ehren für mich nur wie flüchtige Wolken, die am Himmel treiben."

VII,17. Konfuzius sprach: „Wenn mir noch einige Jahre vergönnt sind, so werde ich bis fünfzig das ‚Buch der Wandlungen' studieren; dann könnte ich wohl größere Verfehlungen vermeiden."

VII,18. Worüber der Meister häufig sprach — das waren die Lieder, die historischen Dokumente und die Riten. Das waren oft seine Themen.

VII,19. Der Präfekt von She[125] fragte [den Schüler] Zi-lu, was Konfuzius für ein Mensch sei. Zi-lu gab jedoch keine Antwort.
Der Meister sagte daraufhin zu Zi-lu: „Warum hast du nicht einfach gesagt: ‚Er ist ein Mensch, der in seinem Eifer das Essen und in seiner Freude die Sorgen vergißt, der nicht merkt, wie das Alter herankommt'?"

VII,20. Konfuzius sprach: „Ich bin nicht mit Wissen geboren. Ich liebe das Altertum und erforsche es mit Eifer."

VII,21. Worüber der Meister nicht sprechen mochte, das waren Zauberei, Kraftstücke, Aufruhr und Geister.

VII,22. Konfuzius sprach: „Unter dreien ist bestimmt einer, von dem ich lernen kann. Ich suche die guten Eigenschaften heraus und foge ihnen. Ich sehe zugleich die schlechten Eigenschaften, um es besser zu machen."

VII,23. Konfuzius sprach: „Der Himmel war es, der die sittlichen Kräfte in mir hervorbrachte. Was können mir da schon Feinde anhaben!"[126]

VII,24. Konfuzius sprach: „Denkt ihr, meine Schüler, ich hätte etwas zu verbergen? Ich habe keine Geheimnisse vor euch. Alles, was ich tue, geschieht vor euren Augen. Das ist meine Art."

VII,25. Vier Dinge lehrte der Meister: Die alten Schriften verstehen, richtig handeln, treu und standhaft sein, aufrichtig und glaubwürdig sein.

VII,26. Konfuzius sprach: „Es war mir bisher nicht vergönnt, einen Weisen zu sehen. Könnte ich wenigstens einen Edlen sehen, dann würde ich mich schon freuen."

Der Meister sagte weiter: „Es war mir bisher auch nicht vergönnt, einen wirklich guten Menschen zu treffen. Könnte ich einen finden, der wenigstens beharrlich danach strebt, dann wäre ich schon zufrieden.
Aber Nicht-Haben und so tun, als habe man,
das Volle vorspiegeln, wo alles leer ist,
sich beschränken müssen, aber Luxus vortäuschen —
wie kann man da beharrlich nach dem rechten Weg streben?"

VII,27. Der Meister fing Fische mit der Angel, nicht aber mit dem Netz. Er schoß Vögel; jedoch nicht, wenn sie sich bereits niedergelassen hatten.

VII,28. Konfuzius sprach: „Es mag Leute geben, die aufs Geratewohl handeln, ohne richtig zu wissen, was sie tun. Ich bin nicht so.
Vieles hören, das Gute davon auswählen und ihm folgen,
vieles sehen und es im Gedächtnis behalten —
so gewinnt man schon ein bestimmtes Maß an Wissen."[127]

VII,29. Es war schwierig, mit den Leuten von Hu-xiang[128] ins Gespräch zu kommen. Deshalb hatten auch die Schüler des Meisters einige Bedenken, als ein Bursche aus dieser Gegend Konfuzius aufsuchen wollte.
Doch der Meister sprach: „Laßt ihn kommen, weist ihn nicht ab. Warum denn so streng sein?
Wenn ein Mensch sich innerlich reinigt, um zu mir zu kommen, dann unterstütze ich das. Ich klammere mich dabei nicht an seinem früheren Verhalten fest."

VII,30. Konfuzius sprach: „Die Tugend der Menschenliebe — ist sie denn gar so fern? Sie ist durchaus zu erreichen, wenn man sie wirklich will."

VII,31. Der Justizminister des Staates Chen erkundigte sich, ob Zhao-gong [Herrscher von Lu] die Regeln des Anstands und der Schicklichkeit kenne. Konfuzius bejahte die Frage.
Nachdem sich der Meister entfernt hatte, machte der Minister vor [dem Schüler] Wu-ma Qi eine Verbeugung und bat ihn zu sich heran. Dann sprach er zu ihm: „Ich habe gehört, ein Edler

sei unparteiisch-korrekt. Ist etwa ein Edler zuweilen doch einseitig und befangen in seinem Urteil? Der Herrscher von Lu hat ein Mädchen aus dem Staate Wu geheiratet, mit gleichem Sippennamen. Um diesen Verstoß gegen die Sitten zu verschleiern und damit die Heirat zu ermöglichen, nannte er sie einfach anders.
Wenn also Zhao-gong die Regeln des Anstandes und der Schicklichkeit kennen soll, wer kennt sie dann nicht?"
Wu-ma Qi berichtete davon Konfuzius.
Der Meister sagte: „Wenn ich Fehler mache, dann wird das von den Leuten ganz sicher bemerkt. Das ist mein Glück."

VII,32. Wenn der Meister mit jemandem zusammen war, der gut sang, dann bat er ihn, noch einmal von vorn zu beginnen. Dabei sang er dann selbst mit.

VII,33. Konfuzius sprach: „Was Wissen und Bildung angeht, so stehe ich anderen Leuten nicht nach.
Aber mich selbst im praktischen Leben immer wie ein Edler zu verhalten — das habe ich noch nicht erreicht."

VII,34. Konfuzius sprach: „Was Vollkommenheit und wahre Sittlichkeit betrifft — wie könnte ich es wagen, mich dessen zu rühmen! Ich strebe danach, ohne nachzulassen; ich lehre andere, ohne es müde zu werden — das könnte von mir gesagt werden, aber nicht mehr." Gong-xi Hua[129] meinte daraufhin: „Gerade das ist es, was wir Schüler nicht zu lernen vermögen."

VII,35. Der Meister war schwer krank. [Sein Schüler] Zi-lu wollte für ihn beten.
Konfuzius fragte: „Sollte man das denn tun?"
Zi-lu bejahte die Frage und meinte: „Im Bittgebet heißt es: ‚Für dich wenden wir uns an die Geister des Himmels und der Erde.'"
Der Meister sagte daraufhin: „Es ist schon lange her, daß ich gebetet habe."

VII,36. Konuzius sprach: „Verschwendung ruft Unordnung hervor, Sparsamkeit führt zur Einfachheit. Einfachheit ist besser als Unordnung."

VII,37. Konfuzius sprach: „Der Edle ist ausgeglichen und innerlich ruhig;
der Gemeine hingegen ist innerlich verkrampft und lebt stets in Nöten und Ängsten."

VII,38. Der Meister war freundlich, doch voll strenger Würde,
er war ehrfurchtgebietend, doch nicht heftig;
er war höflich und doch innerlich ausgeglichen.

Kapitel VIII

VIII,1. Konfuzius sprach: „Von Tai-bo[130] kann man sagen, daß höchste Sittlichkeit sein Verhalten bestimmte. Dreimal hatte er Gelegenheit, die Macht zu bekommen, und dreimal verzichtete er darauf. Von seiner Anständigkeit machte er keinerlei Aufhebens, so daß er nicht einmal Lob dafür ernten konnte."

VIII,2. Konfuzius sprach: „Höflichkeit, die weder Norm noch Grenze kennt, wird lästig.[131]
Ohne Norm und Grenze wird Vorsicht zu Furcht, Mut zu Auflehnung und Unordnung.
Aufrichtigkeit, die keinen Anstand kennt, wirkt verletzend.
Wenn der Herrscher seine Umgebung behandelt, wie es sich ziemt, wird sich das Volk daran ein Beispiel nehmen und das Rechte tun. Wenn der Herrscher die guten Traditionen nicht verwirft und alte Freunde nicht vergißt, dann sind auch dem Volke Gemeinheit und Niedertracht fremd."

VIII,3. Als Zeng-zi krank war, rief er seine Schüler zu sich und sprach: „Schaut auf meine Füße, schaut auf meine Hände — sie sind unversehrt! Im ‚Buch der Lieder' heißt es: ‚Sei vorsichtig und achtsam, als stündet ihr vor einem tiefen Abgrund, als ginget ihr auf dünnem Eis.'
Von nun an weiß ich, daß ich meinen Körper vor Schaden bewahren kann."[132]

VIII,4. Als Zeng-zi krank war, kam Meng Jing-zi[133], um sich nach seinem Befinden zu erkundigen.

Da sagte Zeng-zi zu ihm: „Ein sterbender Vogel klagt, ein Mensch, der im Sterben liegt, spricht seine letzten Worte. Meine Worte sind: „Ein Mann von Rang und Würden[134] muß auf drei Dinge achten.
In seinem Benehmen sei er niemals grob oder unachtsam.
Sein Mienenspiel sei harmonisch und wecke Vertrauen.
In Wort und Stimme liege nichts Geheimes und Ungehöriges.
Er muß sich jedoch nicht selbst um alle Einzelfragen und Kleinigkeiten kümmern."[135]

VIII,5. Zeng-zi sprach: „Früher hatte ich einen Freund, der so handelte:
Er hatte große Fähigkeiten, fragte aber auch die, die weniger konnten.
Er wußte viel, lernte aber auch bei denen, die weniger wußten.
Er war sich stets seiner Grenzen bewußt.
Voll von Wissen, hielt er sich dennoch für leer. Wurde er beleidigt, so störte ihn das wenig."

VIII,6. Zeng-zi sprach: „Ein Mensch, dem man ein Waisenkind genauso anvertrauen kann wie das Schicksal eines Staates und der selbst bei großen äußeren Zwängen seinen Grundsätzen treu bleibt — ist der ein Edler?
Er ist ein Edler."

VIII,7. Zeng-zi sprach: „Ein Gelehrter darf nicht engstirnig sein. Er braucht Ausdauer und Mut. Seine Pflicht ist schwer, sein Weg ist weit.
Sich der Pflicht widmen, die Tugend der Menschenliebe in der Welt zu verbreiten — ist das etwa nicht schwer?
Erst der Tod beendet sein Streben — ist dieser Weg etwa nicht weit?"

VIII,8. Konfuzius sprach: „Die Lieder erheben den Menschen.
Die Riten geben ihm Halt.
Die Musik macht ihn vollkommen."

VIII,9. Konfuzius sprach: „Man kann dem Volk wohl Gehorsam befehlen, aber kein Wissen."

VIII,10. Konfuzius sprach: „Mut und Kühnheit lieben und Armut verabscheuen — das schafft Aufruhr.
Menschen, die Unrechtes tun, zu sehr hassen — auch das schafft Aufruhr."

VIII,11. Konfuzius sprach: „Und wenn jemand die wunderbaren Fähigkeiten und Talente des Zhou-gong[120] besäße — ist er eingebildet und geizig, so ist das übrige keines Blickes wert."

VIII,12. Konfuzius sprach: „Selten trifft man jemanden, der drei Jahre lernt, ohne dabei an die Karriere zu denken."

VIII,13. Konfuzius sprach: „Lerne voll Vertrauen in den rechten Weg, und bleibe ihm treu bis an dein Ende.
Betritt nicht ein Land, in dem unsichere Verhältnisse herrschen.
Bleibe nicht in einem Staat, worin Unordnung ist.
Herrscht Ordnung in der Welt, dann tu dich hervor, andernfalls halte dich zurück.
Geht ein Staat den rechten Weg und herrscht darin Ordnung, so ist es beschämend, wenn man arm und von geringem Ansehen ist.
Geht es hingegen in einem Staat nicht rechtens zu, dann ist es eine Schande, reich und angesehen zu sein."

VIII,14. Konfuzius sprach: „Um die Ausübung eines Amtes kümmere sich nur, wer kompetent dafür ist."[136]

VIII,15. Konfuzius sprach: „Als der Musikmeister Zhi sein Amt antrat, füllte der Schluß des Guan-Ju-Liedes das ganze Ohr."

VIII,16. Konfuzius sprach: „Entschlossenheit zeigen, aber die Geradlinigkeit vermissen lassen,
dumm und zugleich uninteressiert sein,
selbst nichts wissen, aber auch zu anderen kein Vertrauen haben — dafür fehlt mir das Verständnis."

VIII,17. Konfuzius sprach: „Lernt, als hättet ihr Angst, nichts zu erfassen, als fürchtetet ihr, Wissen zu verlieren."

VIII,18. Konfuzius sprach: „Wie groß und erhaben waren doch [die alten Kaiser] Shun und Yu![137]
Sie regierten die Welt, ohne an sich selbst zu denken, ohne Machtgier und Eigennutz."

VIII,19. Konfuzius sprach: „Wie groß war Yao[137] als Herrscher, wie erhaben!
Der Himmel allein ist groß, Yao allein entsprach ihm. Welch unermeßliche Größe — das Volk vermochte nicht, dafür seinen Namen zu finden.
Erhaben war, was er vollbrachte, großartig, wie er dem Leben Ordnung gab."

VIII,20. [Der alte Kaiser] Shun hatte fünf Beamte, und unter dem Himmel war Ordnung.
König Wu[138] sprach: „Ich verfüge über zehn tüchtige Beamte."
Konfuzius sagte: „Es heißt, fähige Leute seien schwer zu finden. Ist es denn nicht so?
Doch als [die Kaiser] Yao und Shun lebten, entfalteten sich die Fähigkeiten, blühten die Talente auf.
Was die zehn Beamten des Königs Wu betrifft: Hier war eine Frau darunter,[139] so daß es nur neun tüchtige Männer waren.
Wen, König der Zhou,[140] hatte bereits zwei Drittel des Reiches, als er immer noch der Dynastie der Yin treu diente.
Die Tugend der Zhou — das ist wahre Sittlichkeit."

VIII,21. Konfuzius sprach: „Am [alten Kaiser] Yu kann ich keinen Makel finden. Er war maßvoll in Speise und Trank, hingegen brachte er den Geistern reichlich Opfer.
Seine Kleidung war einfach, die Opfergewänder hingegen kostbar. Er selbst wohnte in einem schlichten Haus, denn er bot alle Kräfte für das Gemeinwohl auf.[141]
An Yu kann ich wirklich keinen Makel finden."

Kapitel IX

IX,1. Gewinn, Schicksal und Menschenliebe — darüber sprach der Meister von sich aus nur selten.[142]

IX,2. Ein Mann aus Da-xiang sagte: „Meister Kong ist wahrlich ein bedeutender Mensch! Er hat großes Wissen, aber leider kein besonderes Talent, das ihn berühmt machen würde."
Konfuzius hörte das und sprach zu den Schülern: „Was soll ich also tun? Soll ich mich mit der Kunst des Wagenlenkens beschäftigen oder mit dem Bogenschießen?
Ich denke, ich werde mich mit dem Wagenlenken beschäftigen."[143]

IX,3. Konfuzius sprach: „Bei den rituellen Zeremonien ist eigentlich eine Kopfbedeckung aus Leinen zu tragen. Heute benutzt man dafür schwarze Seide. Das ist sparsamer — hier folge ich der Allgemeinheit.
Das Ritual schreibt vor, daß der Herrscher bereits vor den Stufen zur Ahnenhalle mit ehrerbietiger Verneigung begrüßt wird. Heute begrüßt man ihn erst, nachdem er schon zur Halle emporgestiegen ist — das ist anmaßend. Auch wenn ich der Allgemeinheit zuwiderhandele — ich halte hierbei an den alten Bräuchen fest."

IX,4. Von vier Dingen war der Meister völlig frei: Er war frei von Voreingenommenheit, von Absolutheit, die keinen Zweifel zuläßt, von Starrsinn und von Egoismus.

IX,5. Als der Meister in Kuang[144] um sein Leben bangen mußte, sprach er:
„König Wen[145] lebt nicht mehr — sind die Prinzipien von Sitte und Ordnung da nicht mir anvertraut?
Wollte der Himmel, daß sie untergehen, dann wären sie mir nicht anvertraut worden. Will der Himmel das aber nicht, was können mir da die Leute von Kuang anhaben?"[146]

IX,6. Der Premierminister[147] fragte Zi-gong: „Ist euer Meister nicht weise und vollkommen? Wieso hat er nur so viele Fähigkeiten und Talente?"
Zi-gong antwortete: „Es ist unbestritten der Himmel, der ihn weise und vollkommen werden ließ, und deshalb hat er auch vielerlei Fähigkeiten."
Der Meister — dies hörend — meinte: „Kennt mich denn der Premierminister? Ich hatte eine harte Jugend. Deshalb mußte ich viele gewöhnliche Dinge lernen, die nicht der Bewunderung

wert sind. Aber gehört es denn unbedingt zu einem Edlen, daß er vielerlei kann? Darauf kommt es doch gar nicht an."

IX,7. [Der Schüler] Lao[148] sprach: „Der Meister hat gesagt: ‚Da ich nicht für den Staatsdienst gebraucht wurde, habe ich mir einige Fertigkeiten angeeignet.'"[149]

IX,8. Konfuzius sprach: „Weiß ich viel? Nein, durchaus nicht. Ein ganz gewöhnlicher Bauer fragt mich etwas, und ich fühle mich bei seiner Frage wie leer. Aber ich betrachte das Problem von allen Seiten und beantworte ihm die Frage, so gut es nur geht."

IX,9. Konfuzius sprach: „Der Phönix[150] kommt nicht, der Fluß sendet keine Zeichen.[151]
Ich fürchte, es ist aus mit mir."[152]

IX,10. Sah der Meister einen Menschen in Trauerkleidung oder im Festgewand oder sah er einen Blinden, dann erhob er sich, selbst wenn derjenige jünger war. Unterwegs begegnete er ihm mit Achtung und Anstand.

IX,11. Yan Hui sprach, vor Bewunderung seufzend: „Je mehr ich emporblicke, desto höher wird es. Je mehr ich mich hineinbohre, desto undurchdringlicher wird es. Ich sehe es zum Greifen nah vor mir, doch plötzlich entrückt es in den Hintergrund. Wenn auch seine Lehre so schwer faßbar ist — der Meister vermag es, die Menschen in seinen Bann zu ziehen, sie Schritt für Schritt zu führen.
Durch Bildung erweitert er mein Wissen; er lehrt mich, mein Verhalten durch die Vorschriften des Rituals und der Schicklichkeit zu kultivieren.
Und wollte ich es auch, ich könnte einfach nicht aufhören, weiter in seine Lehre einzudringen.
Nachdem ich meine ganze Kraft aufgeboten hatte, schien es, als stünde alles klar vor mir. Aber wenn ich auch hinstrebe, erreichen kann ich es doch nicht."

IX,12. Als der Meister schwer erkrankt war, wollte Zi-lu, daß die Schüler wie Diener und Beamte fungieren sollten, daß sie wie diese für Vorbereitung und Ablauf der Totenfeier sorgen sollten, um ihr dadurch ein fürstliches Gepräge zu geben.

Als die Krankheit nachließ und der Meister auf dem Wege der Besserung war, sagte er: „Schon lange ist Zi-lu darauf aus, etwas vorzutäuschen.
Keine Beamten und Minister haben, aber so tun, als hätte man welche — wen könnten wir denn damit täuschen? Den Himmel etwa?
Und außerdem: In den Armen von Dienern sterben? Sollte ich es da nicht vorziehen, in den Armen meiner Schüler zu sterben?
Auch wenn ich kein großes Begräbnis erhalte, sterbe ich deshalb etwa auf der Straße?"

IX,13. Zi-gong sprach: „Ich habe hier einen wunderschönen Edelstein. Soll ich ihn in ein Kästchen legen und dort aufbewahren? Oder soll ich einen Händler suchen und ihn für einen guten Preis verkaufen?"
Konfuzius antwortete: „Verkaufe ihn! Verkaufe ihn! Doch auf den Händler würde ich warten."[153]

IX,14. Der Meister wollte sich bei den Barbaren niederlassen.
Jemand sagte: „Wie kann man so etwas nur tun? Sie sind doch so unkultiviert."
Konfuzius meinte aber: „Wenn ein Edler dort lebt, wie könnte es da noch unkultiviert zugehen?"

IX,15. Konfuzius sprach: „Nachdem ich aus dem Staate Wei in den Staat Lu zurückgekehrt war,[154] wurde die Musik geordnet, erhielten die Festgesänge und die Lobgesänge wieder den rechten Platz."[155]

IX,16. Konfuzius sprach: „Im Staate der Obrigkeit, in der Familie dem Vater und dem älteren Bruder dienen!
Gewissenhaft gegenüber den Verstorbenen sein und alle Pflichten bei Begräbnis und Trauer erfüllen!
Sich nicht vom Wein überwältigen lassen!
Was davon gelingt mir schon?"

IX,17. Der Meister stand am Fluß und sprach: „Wie dieses Wasser, so fließt alles dahin.
Unaufhaltsam ist der Wechsel von Tag und Nacht, so geht die Zeit vorüber."

IX,18. Konfuzius sprach: „Ich habe noch niemanden gesehen, der innere Werte genauso liebt wie äußere Schönheit.“[156]

IX,19. Konfuzius sprach: „Lernen ist wie das Anhäufen von Erde. Ist der Hügel fast fertig, bis auf einen einzigen Korb Erde, und ich höre auf, so ist das ein Stillstand, den ich selbst verschuldet habe. Wenn ich aber erst beginne und gerade einen einzigen Korb Erde hingeschüttet habe, mich aber weiterhin abmühe — das ist ein Fortschreiten, das ich selbst zuwege bringe.“[157]

IX,20. Konfuzius sprach: „Das war Yan Huis Art. Unterhielt man sich mit ihm, dann hörte er stets aufmerksam zu. Niemals wurde er müde und unkonzentriert.“

IX,21. Der Meister kam auf Yan Hui zu sprechen: „Leider ist er gestorben. Ich habe ihn stets nur vorwärts gehen sehen. Niemals sah ich ihn bei Erreichtem stehenbleiben.“

IX,22. Konfuzius sprach: „Manches keimt und wächst, kommt aber nicht zur Blüte.
Manches blüht, bringt aber keine Früchte.“

IX,23. Konfuzius sprach: „Gegenüber einem jüngeren Menschen kann man sich unsicher fühlen. Wie wollen wir denn heute wissen, ob er uns nicht in Zukunft übertreffen wird?
Ist jedoch jemand inzwischen vierzig, fünfzig Jahre alt geworden und hat sich immer noch keinen Namen gemacht, dann braucht man vor ihm keine Scheu zu haben.“

IX,24. Konfuzius sprach: „Ernste Ermahnungen — wer würde ihnen nicht zustimmen? Aber Zustimmung allein genügt nicht. Das Verhalten danach zu ändern und Fehler zu korrigieren — darauf kommt es an.
Nette Worte — wer freut sich nicht über sie? Aber ihren eigentlichen Sinn zu verstehen — das ist wichtig.
Sich an netten Worten zu erfreuen, ohne ihren Sinn zu begreifen, Ermahnungen zuzustimmen, ohne das Verhalten zu ändern — mit einem Menschen, der sich so verhält, kann ich nichts anfangen.“

IX,25. Konfuzius sprach: „Sei immer treu, zuverlässig und aufrichtig.
Habe keine Freunde, die deiner nicht würdig sind.
Wenn du Fehler gemacht hast, dann scheue dich nicht, sie zu korrigieren."

IX,26. Konfuzius sprach: „Einer Armee kann man den Führer nehmen, aber nicht einem einfachen Manne seinen Willen."

IX,27. Konfuzius sprach: „Das bringt Zi-lu fertig: Er schämt sich nicht, wenn er neben einem Menschen mit kostbarem Pelz steht und selbst nur ärmliche, abgenutzte Kleidung trägt.
Im ‚Buch der Lieder' heißt es: ‚Wer nicht neidisch und nicht habgierig ist, wie kann der Unrechtes tun?'"
Zi-lu sprach diese Worte von da an ständig vor sich hin.
Da sagte der Meister: „Kann man etwa allein dadurch gut und tugendhaft werden?"

IX,28. Konfuzius sprach: „Erst in der kalten Jahreszeit merkt man, daß Kiefern und Zypressen immergrün sind."

IX,29. Konfuzius sprach: „Der Weise ist frei von Zweifeln. Der Sittliche ist voll Zuversicht. Der Mutige ist ohne Furcht."

IX,30. Konfuzius sprach: „Wer gemeinsam lernen kann, muß nicht unbedingt auch gemeinsam den rechten Weg finden.
Weggefährten, die sich von den gleichen Grundsätzen leiten lassen, müssen noch nicht in gleicher Festigkeit zu ihnen stehen.
Selbst gleiche Festigkeit heißt noch nicht, daß man auch in konkretem Falle und unter konkreten Umständen übereinstimmend handelt."

IX,31. In einem alten Lied heißt es:

> „Ich sehe, wie sich die Blüten neigen.
> Wie sollte ich deiner nicht gedenken!
> Doch du bist so fern."

Konfuzius bemerkte dazu: „Das ist kein wahres Gedenken, kein echtes Sehnen. Dies nämlich kennt keine Ferne."

Kapitel X[158]

X,1. In seinem Heimatort verhielt sich Konfuzius besonders höflich und so zurückhaltend, als könne er nicht sprechen. Im fürstlichen Ahnentempel und bei Hofe redete er unbefangen, aber er wählte seine Worte mit Bedacht.

X,2. Wenn Konfuzius bei Audienzen am Hofe mit zweitrangigen Amtsträgern sprach, hatte er einen ungezwungenen Ton.
Im Gespräch mit hohen Amtsträgern verhielt er sich besonders höflich.
In Anwesenheit des Herrschers war er voll Ehrfurcht und angemessener Würde.

X,3. Immer, wenn Konfuzius auf Geheiß des Herrschers einen Staatsgast empfangen sollte, veränderte sich sein Gesichtsausdruck, seine Miene wurde ernst, seine Schritte flüchtiger.
Er verbeugte sich vor denen, die neben ihm standen, und grüßte mit zusammengelegten Händen nach rechts und links. Dabei achtete er darauf, daß seine Kleidung nicht in Unordnung geriet.
Er bewegte sich, als würde er schweben — einem Vogel gleich, der die Flügel ausstreckt.
Hatte sich der Besuch verabschiedet, meldete Konfuzius: „Der Gast blickt sich nicht mehr um."

X,4. Wenn er durch das Palasttor trat, so lief er etwas gebeugt, als befürchte er, nicht hindurchzupassen.
Er blieb nicht in der Mitte des Tores stehen, und niemals trat er auf die Schwelle.
Kam er am Thron vorbei, so veränderte sich sein Gesichtsausdruck. Seine Miene wurde ernst, seine Schritte wurden flüchtiger. Seine Stimme wurde leiser — als fehle ihm die Kraft zum Reden.
Sorgfältig hob er sein Gewand an, wenn er zur Audienzhalle emporstieg. Er ging achtungsvoll gebeugt und wagte kaum zu atmen. Wenn er dann aus der Audienzhalle wieder heraustrat und die Stufen herabstieg, entspannte sich sein Gesicht. Konfuzius machte dann einen frohen, zufriedenen Eindruck. Schnellen Schrittes ging er weiter. Seine Gestalt schien zu schweben, einem Vogel gleich, der seine Flügel ausstreckt. Er kehrte an seinen Platz zurück — voller Ehrfurcht.

X,5. War Konfuzius als Gesandter unterwegs, so hatte er das Zepter seines Herrschers zu tragen. Dabei nahm er eine ehrfürchtig gebeugte Haltung ein — so, als fehle es ihm an Kraft.
Er hielt das Zepter nur bis zu der Höhe, in der sich bei der Verbeugung die zusammengelegten Hände befinden — keinesfalls höher; er hielt es aber auch nicht tiefer als bis zu der Höhe, in der sich die Hände befinden, wenn ein Geschenk überreicht wird.
Seine Miene zeigte Ehrfurcht, seine Schritte waren langsam und gemessen.
Mit freundlichem Gesicht überreichte er die mitgeführten Geschenke.
Wurde ihm Privataudienz gewährt, gab er sich froh und zufrieden.

X,6. Der Edle trug keine Kleidung mit grellen, auffallenden Farben. Hellrot und Purpur nahm er nicht einmal für seine gewöhnlichen Hauskleider. In der heißen Jahreszeit zog er ein ungefüttertes Gewand aus feinem oder grobem Leinen über.
Schwarzes Lammfell trug er bei schwarzer Kleidung, Rehpelz bei weißem und Fuchspelz bei gelbem Gewand.
Zu Hause hatte er lange Pelzkleider an, an denen der rechte Ärmel etwas kürzer war. Beim Schlafen benutzte er eine Bettdecke von anderthalbfacher Körperlänge.
Dicke Fuchs- oder Dachsfelle dienten ihm zum Sitzen.
Schmuckstücke jeglicher Art konnte er tragen — außer in Zeiten der Trauer.
Für gewöhnliche Gewänder nahm man weniger Stoff als für Festkleidung[159], welche weit getragen wurde.
Bei Kondolenzbesuchen trug er keinen schwarzen Lammpelz und auch keine dunkle Kopfbedeckung.
Am ersten Tag eines jeden Monats zog er seine Festkleidung an und machte bei Hofe seine Aufwartung.

X,7. Zur Fastenzeit war er stets auch äußerlich rein; er trug saubere Kleidung aus Leinen.
Er aß nicht das, was er üblicherweise zu sich nahm. Auch schlief er in dieser Zeit nicht bei seiner Frau.[160]

X,8. Er hatte nichts gegen sehr feinen Reis und kleingehacktes

Fleisch. Reis, der übel schmeckte, sauer geworden oder schimmelig war, verdorbenen Fisch und altes Fleisch — alles das aß er nicht. Wenn eine Speise ihr normales Aussehen verdächtig verändert hatte, aß er nicht, wenn sie übel roch oder wenn sie nicht gar war, aß er nicht. Er aß nur, was der Jahreszeit entsprach. Stammte etwas von Tieren, die nicht nach der richtigen Art geschlachtet und zerkleinert worden waren, aß er davon nichts. Wenn ein Gericht nicht mit der dazugehörigen Soße serviert wurde, aß er nicht. Selbst wenn er viel Fleisch nahm — er nahm niemals so viel, daß es mehr war als der Reis, zu dem es gegessen wurde. Nur beim Wein setzte er sich kein bestimmtes Maß, er ließ es aber nicht so weit kommen, daß sich sein Geist verwirrte. Wein und Dörrfleisch vom Markt genoß er nicht. Stets hatte er Ingwer zum Essen, aber er nahm nicht viel davon.

X,9. Fleisch von der großen Opferzeremonie des Herrschers bewahrte er nicht über Nacht auf. Anderes Opferfleisch ließ er nicht länger als drei Tage liegen.[161] Was über drei Tage alt war, wurde nicht gegessen.

X,10. Beim Essen führte er keine Unterhaltung. Im Bett redete er nicht.

X,11. Auch wenn er nur einfachen Reis und Gemüsesuppe hatte, nahm er ein wenig von seiner Speise, um es als Opfer darzubringen. Es war wie ein symbolisches Fasten.

X,12. Er setzte sich nicht auf die Matte, wenn sie nicht glatt und geradelag.

X,13. Saß er mit Leuten aus der Nachbarschaft beim Mahl, dann wartete er, bis die Alten aufgestanden und gegangen waren. Dann erst ging auch er.

X,14. Wenn sich die Nachbarn zur Vertreibung der bösen Geister und Dämonen versammelten, dann stand er festlich gekleidet auf der östlichen Treppe seines Hauses und hieß sie willkommen.

X,15. Wollte er durch einen Boten Grüße übermitteln lassen,

dann verbeugte er sich zweimal, wenn er den Überbringer der Grüße auf den Weg geleitete.

X,16. Als Ji Kang-zi[66] dem Konfuzius Medizin sandte, verbeugte er sich und nahm sie entgegen. Dann sagte er: „Ich weiß nicht genau, was es mit dieser Medizin auf sich hat. Deshalb wage ich es nicht, sie zu kosten."

X,17. Als Konfuzius einmal bei Hofe war, brannte sein Pferdestall ab. Nach seiner Rückkehr fragte er: „Sind Menschen zu Schaden gekommen?" Nach den Pferden erkundigte er sich nicht.

X,18. Schickte ihm der Herrscher eine bereits fertig zubereitete Speise, so rückte er die Matte gerade und kostete zunächst. Schickte er ihm rohes Fleisch, so wurde es gekocht und den Ahnen dargebracht. Schickte ihm der Herrscher ein lebendes Tier, so behielt er es und gab ihm Futter.[162]
War er geladen, am Mahl des Herrschers teilzunehmen, so achtete er sehr auf Anstand und Etikette.

X,19. Als Konfuzius krank war und der Herrscher ihn besuchte, lag er mit dem Kopf gen Osten.[163] Sein Hofgewand samt Gürtel hatte er über sich gelegt.

X,20. Wenn der Herrscher ihn zu sich rief, wartete er nicht, bis die Pferde angespannt waren, sondern ging sofort los.

X,21. Wenn er den großen Ahnentempel betrat, fragte er nach jeder Einzelheit, nach allem, was zu Ritual und Zeremonie gehört.[164]

X,22. Als ein Freund gestorben war, der keine Angehörigen hatte, sprach Konfuzius: „Ich begrabe ihn."

X,23. Machte ihm jemand ein Geschenk, so verbeugte er sich nicht, selbst wenn es Pferd und Wagen waren. Dies tat er nur bei Opferfleisch.

X,24. Im Bette lag er nicht steif wie eine Leiche.
Zu Hause verhielt er sich im allgemeinen durchaus nicht so

förmlich wie etwa dann, wenn er einen Gast empfing oder selbst zu Gast war.

X,25. Begegnete er jemandem in Trauerkleidung, so verhielt er sich würdevoll und feierlich, und zwar auch dann, wenn es sich um einen Menschen handelte, mit dem er sehr vertraut war.
Begegnete er einem Blinden oder jemandem mit einer Kopfbedeckung, wie man sie bei Hofe trägt, so verhielt er sich jedesmal besonders höflich, und zwar auch dann, wenn er ihn mehrmals am Tage sah.
Fuhr er im Wagen und sah dabei Menschen in Trauerkleidung, dann beugte er sich nach vorn bis zum Querbalken, so sein Mitgefühl ausdrückend.
Gleiches tat er, wenn er vom Wagen aus einen Träger des Staatssiegels erblickte.
Bei einem opulenten Mahl änderte sich sein Gesichtsausdruck, und er erhob sich.[165]
Auch bei einem plötzlichen Donnerschlag oder bei heftigem Wind änderte er seinen Gesichtsausdruck.[166]

X,26. Wollte er auf den Wagen steigen, so stand er zunächst gerade und aufrecht, die Zügel in der Hand. Erst dann stieg er auf.
Auf dem Wagen stehend, blickte er sich nicht um, redete nicht hastig und zeigte nicht mit den Fingern.

X,27. Konfuzius ging spazieren. Dabei sah er eine Schar wilder Vögel. Sie stiegen auf, flogen einen Kreis und ließen sich wieder nieder. Da sagte der Meister:
„Diese Fasanenhennen bei der Brücke dort am Berg — es ist jetzt ihre Zeit, ja, es ist jetzt ihre Zeit."[167]
Zi-lu schlug die Hände zusammen; die Vögel schlugen mehrmals mit den Flügeln, erhoben sich und flogen fort.

Kapitel XI

XI,1. Konfuzius sprach: „Wer sich zunächst mit den Riten und Umgangsformen sowie mit der Musik vertraut macht, um dann Beamter zu werden, ist ein einfacher Mann. Der aber, welcher erst den Posten hat und dann lernt, kommt aus der Schicht der Herrschenden. Ich würde mich für den entscheiden, der erst lernen muß."

XI,2. Konfuzius sprach: „Von denen, die mir in Chen und Cai folgten, ist keiner mehr hier."[168]

XI,3. Die Schüler des Konfuzius hatten ihre Talente und Fähigkeiten auf verschiedenen Gebieten. Durch besondere moralische Qualitäten zeichneten sich Yan Hui, Min Zi-qian, Ran Bo-niu und Zhong-gong aus.
Rhetorisch begabt waren Zai Wo und Zi-gong.
In allen Fragen von Politik und Verwaltung waren Ran Qiu und Zi-lu versiert.
In den alten Schriften kannten sich Zi-you und Zi-xia besonders gut aus.

XI,4. Konfuzius sprach: „Was ich auch sage, Yan Hui ist sofort damit einverstanden. So hilft er mir nicht."

XI,5. Konfuzius sprach: „Min Zi-qian ist fürwahr ein Mann von Pietät, Achtung und Gehorsam. Denn andere sprechen genauso über ihn wie seine Eltern und Brüder."

XI,6. „Der Fleck am weißen Nephrit — er läßt sich wegschleifen. Unschöne Worte hingegen sind nicht zu tilgen." — Diesen Vers aus dem „Buch der Lieder" wiederholte der Schüler Nan Rong häufig. Konfuzius gab ihm die Tochter seines älteren Bruders zur Frau.[169]

XI,7. Ji Kang-zi fragte Konfuzius, wer von seinen Schülern sehr lerneifrig sei.
Konfuzius antwortete: „Yan Hui liebte das Lernen. Leider ist er früh gestorben. Einen wie Yan Hui gibt es heute nicht mehr."

XI,8. Als Yan Hui gestorben war, bat dessen Vater Yan Lu Konfuzius, er möge doch seinen Wagen verkaufen, damit Yan Hui in einem schweren Prunksarg begraben werden könne. Konfuzius aber sprach:
„Jedem steht der eigene Sohn am nächsten, ob er nun begabt war oder unbegabt.

Als mein Sohn Li starb, hatte er auch nur einen einfachen Sarg und keinen Prunksarg.[170] Ich kann doch nicht für ein prunkvolles Begräbnis den Wagen verkaufen und zu Fuß gehen. Denn wenn ich im öffentlichen Leben stehe, geht es nicht an, daß ich ohne Wagen bin."[171]

XI,9. Als Yan Hui starb, sprach Konfuzius: „O weh! Der Himmel ist gegen mich! Der Himmel ist gegen mich!"

XI,10. Als Yan Hui starb, brach Konfuzius vor Schmerz in Tränen aus. Seine Schüler sprachen zu ihm: „Ihr seid zu sehr von Kummer ergriffen."
Doch der Meister antwortete: „Zu sehr? Wollte ich Yan Hui nicht beweinen, wen dann?"

XI,11. Als Yan Hui gestorben war, wollten ihn die Schüler des Meisters sehr prunkvoll beerdigen. Konfuzius war dagegen, aber seine Schüler taten es dennoch.
Daraufhin sagte der Meister: „Yan Hui, du hast mich wie deinen Vater angesehen, doch ich konnte dich jetzt nicht wie einen Sohn behandeln. Das lag aber an meinen Schülern."

XI,12. Zi-lu fragte, wie man Geistern dienen solle.
Konfuzius antwortete: „Wer nicht den Menschen zu dienen versteht, wie kann der den Geistern dienen?"
Dann fragte Zi-lu nach dem Tode, und der Meister gab zur Antwort: „Wer noch nicht das Leben kennt, wie will der wohl den Tod begreifen?"

XI,13. Min Zi-qian stand höflich und korrekt neben Konfuzius; Zi-lus Haltung drückte Mut und Kühnheit aus, Ran Qiu und Zi-gong blickten offen und frei.
Der Meister freute sich über sie. Er sagte jedoch: „Wer wie Zi-lu ist, mit dem nimmt es kein gutes Ende."

XI,14. In Lu sollte die Schatzkammer neu gebaut werden.[172]
Min Zi-qian meinte:
„Wie wäre es, wenn man sie in der alten Form errichten würde? Muß man denn die Schatzkammer unbedingt anders bauen?"
Konfuzius seinerseits bemerkte dazu:

„Gewöhnlich bekommt dieser Mann den Mund nicht auf. Spricht er aber, dann trifft er ins Schwarze."

XI,15. Konfuzius sprach: „Was sucht Zi-lu mit diesem unpassenden Lautenspiel vor meiner Tür?"[173]
Ob dieses Tadels wurde Zi-lu von den Schülern geringschätzig behandelt. Der Meister aber meinte: „Er hat schon viel gelernt, er ist nur noch nicht tief genug eingedrungen."

XI,16. Zi-gong fragte den Meister, wer von beiden dem anderen überlegen sei, Zi-zhang oder Zi-xia?
Konfuzius antwortete: „Zi-zhang geht über das rechte Maß hinaus, Zi-xia jedoch erreicht es nicht."
Daraufhin meinte Zi-gong: „Dann ist wohl Zi-zhang der Überlegene?"
Der Meister erwiderte: „Zuviel ist ebenso falsch wie zuwenig."

XI,17. Das Haupt der Aristokratenfamilie Ji war noch reicher als der dem Kaiser unmittelbar nahestehende Hochadel. Ran Qiu[174] trieb für ihn die Steuern ein und vermehrte so seinen Reichtum.
Konfuzius bemerkte: „Dieser Ran Qiu hat nichts mehr mit uns zu tun. Ihr, meine Schüler, könnt die Trommeln schlagen und ihn angreifen."

XI,18. Konfuzius sprach: „Zi-gao ist ein Tor, Zeng Shen ist ungebildet, Zi-zhang spontan und einseitig in seinem Urteil und Zi-lu grob und unhöflich."

XI,19. Konfuzius sprach: „Yan Hui ist hinsichtlich des Wissens und der Moral beinahe schon vollkommen, aber er ist oft in Not. Zi-gong hingegen nahm nicht den Willen des Himmels in sich auf,[175] aber seine Reichtümer mehren sich, und immer trifft er ins Schwarze."

XI,20. Zi-zhang fragte Konfuzius, welchen Weg der gute, tugendhafte Mensch gehen solle.
Der Meister antwortete: „Wer nicht in den Spuren anderer wandelt, kommt nicht ans Ziel."

XI,21. Konfuzius sprach: „Heißt es von einem Menschen, er sei stets ehrlich und aufrichtig, dann müssen wir uns fragen, ob er wirklich ein Edler ist oder ob er nur den Schein eines anständigen Menschen erweckt."

XI,22. Zi-lu fragte den Meister, ob er das, was er über die Grundsätze des rechten, sittlichen Verhaltens gehört habe, auch sofort anwenden solle.
Konfuzius antwortete ihm: „Du hast doch Eltern und Brüder. Wie kannst du also sofort danach handeln wollen?"
Ran Qiu fragte den Meister, ob er das, was er über die Grundsätze des rechten, sittlichen Handelns gehört habe, auch sofort anwenden solle. Ihm aber antwortete Konfuzius: „Führe aus, was du gehört hast."
Gong-zi-Hua[176] stellte verwundert fest, daß der Meister die Frage, ob man das, was man über die Grundsätze des rechten, sittlichen Verhaltens gehört habe, auch sofort anwenden solle, höchst unterschiedlich beantwortet hatte. „Das verwirrt mich!" sprach er. „Darf ich um Erläuterung bitten?"
Der Meister erwiderte: „Ran Qiu ist ein Mensch, der sich nur zögernd zum Handeln entschließt. Deshalb ermutige ich ihn. Zi-lu ist ein Draufgänger. Deshalb halte ich ihn zurück."

XI,23. Konfuzius wurde in Kuang angegriffen und war in großer Gefahr.[177] Yan Hui war unterwegs zurückgeblieben. Nachdem er wieder herangekommen war, meinte Konfuzius: „Ich hatte schon geglaubt, du wärst umgekommen."
Yan Hui aber erwiderte: „Ihr, Meister, seid am Leben. Wie könnte ich da zu sterben wagen?"

XI,24. Ji Zi-ran [aus der mächtigen Aristokratenfamilie der Ji] fragte, ob man Zi-lu und Ran Qiu als bedeutende Staatsmänner bezeichnen könne.
Konfuzius erwiderte: „Ich glaubte, es ginge um außergewöhnliche Leute, nicht bloß um diese beiden. Wer es verdient, als bedeutender Staatsmann bezeichnet zu werden, der dient dem Herrscher nur auf dem rechten Weg. Und findet er, daß dies nicht möglich ist, dann tritt er zurück.
Was nun Zi-lu und Ran Qiu angeht, so kann man sagen, daß sie einfach Diener sind."
„Heißt das", so fragte Ji Zi-ran erneut, „daß sie allem nach-

kommen, was ihnen aufgetragen wird?"
Dazu meinte Konfuzius: „Wenn es um den Mord an ihrem Vater oder am Herrscher ginge, würden sie wohl doch die Gefolgschaft aufkündigen."

XI,25. [Der Schüler] Zi-gao wurde durch Zi-lu [einen anderen Schüler] zum Präfekten von Bi ernannt.
Konfuzius meinte dazu: „Damit verdirbst du fremder Leute Sohn."
Zi-lu rechtfertigte sich: „Er hat dort Land und Leute zu regieren. Warum muß man unbedingt Bücher lesen, um etwas zu lernen?"
Doch der Meister erwiderte: „Wegen solcher Art Ausreden erregen zungenfertige Leute deines Schlages meinen Widerwillen."

XI,26. [Die Schüler] Zi-lu, Zeng Xi, Ran Qiu und Gong-xi Hua [Zi-hua] saßen in einer Runde mit dem Meister. Da sprach Konfuzius: „Vergeßt einmal, daß ich älter bin als ihr. Ihr sagt immer, ich würde verkannt. Nehmen wir an, ihr würdet anerkannt und bekämt ein öffentliches Amt, was würdet ihr dann tun?"
Zi-lu antwortete, ohne zu zögern: „Nehmen wir an: Ein kleiner Staat von tausend Kriegswagen ist von großen, mächtigen Staaten umgeben. Von außen wird er durch fremde Heere bedroht; im Innern herrscht Hunger. Hätte ich diesen Staat zu regieren, so würde es drei Jahre dauern, und die Menschen könnten wieder Mut haben und wüßten, wie es weitergeht."
Konfuzius lächelte. Er wandte sich dann an Ran Qiu: „Und wie steht es mit dir?"
Ran Qiu antwortete: „Hätte ich ein Gebiet zu regieren, dessen Grenzen nach allen vier Richtungen eine Länge von sechzig oder siebzig li[178] oder auch nur von fünfzig, sechzig li haben — binnen drei Jahren hätten die Menschen reichlich zum Leben. Was allerdings die Pflege der Riten und Umgangsformen sowie der Musik betrifft, so müßte man schon warten, bis einer kommt, der mehr vermag als ich."
Konfuzius wandte sich nun an Gong-xi Hua: „Und was meinst du?"
Gong-xi Hua antwortete: „Ich möchte festlich gekleidet im

Ahnentempel oder bei diplomatischen Anlässen assistieren. Ich sage nicht, daß ich das schon kann, aber lernen möchte ich es."

Schließlich fragte der Meister auch Zeng Xi. Dieser verlangsamte sein Lautenspiel. Er ließ die Laute verklingen und legte sie zur Seite. Dann stand er auf und sprach: „Meine Wünsche unterscheiden sich etwas von denen der drei anderen."

„Was schadet das?" meinte Konfuzius. „Jeder sage frei heraus, was er möchte."

Zeng Xi fuhr fort: „Gern würde ich im späten Frühling, wenn man leichtere Kleidung trägt, mit anderen im Flusse baden, mich von einer kühlenden Brise umfächeln lassen und schließlich singend heimwärts ziehen."

Konfuzius sprach seufzend: „Ich stimme mit Zeng Xi überein."

Die drei anderen gingen hinaus, nur Zeng Xi blieb zurück. Er wollte die Meinung des Meisters über die Wünsche der anderen erfahren. Konfuzius gab zur Antwort: „Es sagte eben jeder, was er möchte."

„Aber", so Zeng Xi, „warum habt ihr über Zi-lu gelächelt?"

Konfuzius sprach: „Um einen Staat zu regieren, muß man das Ritual der Herrschaft und des Anstands kennen. Seine Worte aber waren unbescheiden. Deshalb lächelte ich über ihn."

Daraufhin meinte Zeng Xi: „Hat aber Ran Qiu nicht auch vom Regieren eines Staates gesprochen?"

„Gewiß doch", sagte der Meister, „denn wo gibt es ein Gebiet, dessen Grenzen sechzig bis siebzig oder fünfzig bis sechzig li betragen und das kein Staat wäre?"

„Und Gong-xi Hua, hat er nicht auch von einem Staat gesprochen?"

Darauf der Meister: „Einen fürstlichen Ahnentempel und diplomatische Anlässe — wo gibt es das sonst als bei einem Staat? Gong-xi Hua kennt sich im Ritual, in den Sitten und feierlichen Bräuchen, gut aus. Wenn er nur assistieren will, wer sollte dann ein hoher Würdenträger sein?"

Kapitel XII

XII,1. Yan Hui wollte wissen, was sittliches Verhalten[179] sei. Konfuzius antwortete ihm: „Sich selbst überwinden, die ei-

genen Wünsche und Begierden bezwingen, sich von Anstand, Höflichkeit und guten Sitten leiten lassen, das ist sittliches Verhalten. Wer nur einen Tag so handelt, wird schon von allen ob seines guten Verhaltens gelobt. Es hängt von uns selbst ab, das Rechte zu tun. Oder muß man sich dabei etwa auf andere verlassen?"
Yan Hui bat um eine Erläuterung. Da sprach Konfuzius: „Was sittenwidrig ist, darauf schaue nicht und das höre nicht; so etwas sage weder, noch tue es."
Yan Hui erwiderte: „Obwohl ich etwas unbeholfen bin, werde ich mich bemühen, nach Euren Worten zu handeln."

XII,2. Ran Qiu wollte wissen, was sittliches Verhalten sei.
Konfuzius antwortete ihm: „Begegne den Menschen mit der gleichen Höflichkeit, mit der du einen teuren Gast empfängst.
Behandle sie mit der gleichen Achtung, mit der das große Opfer dargebracht wird.
Was du selbst nicht wünschst, das tue auch anderen nicht an.
Dann wird es keinen Zorn gegen dich geben — weder im Staat noch in deiner Familie."
Ran Qiu erwiderte: „Obwohl ich etwas unbeholfen bin, werde ich mich bemühen, nach Euren Worten zu handeln."

XII,3. Si-ma Niu[180] fragte, was sittliches Verhalten sei.
Konfuzius sprach: „Wer sich durch sittliches Verhalten auszeichnet, wählt seine Worte mit Bedacht."
Si-ma Niu sagte: „Mit Bedacht reden — das soll sittliches Verhalten sein?" Der Meister antwortete mit einer Gegenfrage: „Das Handeln ist so schwierig; darf da das Reden unbedacht sein?"

XII,4. Si-ma Niu fragte, was einen Edlen kennzeichne.
„Der Edle kennt weder Sorge noch Furcht", sprach der Meister.
Si-ma Niu sagte: „Wer ohne Sorge und Furcht ist, den nennt man einen Edlen?" Der Meister antwortete mit einer Gegenfrage: „Wenn einer sich selbst prüft und dabei nichts Böses entdeckt — warum sollte er da in Angst und Sorge leben?"

XII,5. Si-ma Niu sprach traurig: „Alle anderen haben Brüder, nur ich nicht."
Zi-xia entgegnete: „Ich habe gehört, Tod und Leben haben ihre Bestimmung, Reichtum und Ansehen hängen vom Willen des Himmels ab.
Wenn der Edle gewissenhaft seine Pflicht tut, ohne zu fehlen, und anderen Menschen stets mit Achtung und Höflichkeit begegnet, wie es den bewährten Regeln des Zusammenlebens entspricht, dann sind innerhalb der vier Meere[181] alle Menschen seine Brüder. Wie kann er da betrübt sein, daß er ohne Bruder ist?"

XII,6. Zi-zhang fragte: „Was heißt ‚Jemand sieht klar'?"
Konfuzius antwortete: „Wer sich weder durch fortwährende Entstellung noch durch grobe Verleumdungen beirren läßt, von dem kann man sagen, daß sein Blick klar und ungetrübt ist. Das ist aber nur sehr schwer erreichbar."

XII,7. Zi-gong fragte, woran man eine gute Regierung erkenne.
Konfuzius antwortete: „Sie muß die Ernährung sichern, muß ausreichend gegen Feinde gerüstet sein, muß danach trachten, daß das Volk Vertrauen in die Regierung hat."
Zi-gong fragte weiter: „Wenn man aber nun eines von den drei Dingen aufgeben müßte, worauf könnte man am ehesten verzichten?"
Der Meister: Auf die Rüstung."
Zi-gong weiter: „Müßte nun wiederum eins von beiden aufgegeben werden, worauf sollte man dann noch verzichten?"
Konfuzius: „Auf die Ernährung. Ohne Nahrung muß man sterben. Doch seit jeher ist der Tod das Los aller Menschen. Wenn aber das Volk kein Vertrauen in die Regierung hat, kann der Staat nicht bestehen."

XII,8. Ji Zi-cheng [Beamter in Wei] sprach: „Dem Edlen kommt es doch auf das Wesen an, was braucht er sich da noch um die guten Formen zu kümmern?"
Dazu meinte Zi-gong: „Eine solche Meinung über den Edlen ist bedauerlich. Die Zunge ist eben manchmal schneller als ein Viergespann.
Form ist Wesen, Wesen ist Form. Nehmen wir als Beispiel das

Fell eines Tigers und Leoparden einerseits oder das Fell eines Hundes und Schafes andererseits. Der Unterschied besteht im Wesen wie in äußerer Gestalt; entfernen wir jedoch die Haare von den Fellen, dann bleibt kaum ein Unterschied."

XII,9. Ai-gong [Herrscher von Lu] sprach zu [dem Schüler] You Ruo: „Das ist kein gutes Jahr. Es brachte eine Mißernte, so daß Mangel herrscht. Was soll ich tun?"
You Ruo antwortete mit einer Gegenfrage: „Warum nicht die Steuern und Abgaben senken?"
Doch Ai-gong entgegnete: „Schon jetzt reichen die Steuern und Abgaben nicht aus. Wie könnte ich sie dann noch senken?"
Daraufhin sprach You Ruo: „Wenn das Volk keinen Mangel leidet, wie könnte dann der Herrscher darben?
Hat das Volk aber kein gesichertes Auskommen, wieso kann dann der Herrscher in Wohlstand leben?"

XII,10. [Der Schüler] Zi-zhang wollte wissen, wie man seinen Charakter bessern und zugleich Richtiges und Falsches auseinanderhalten könne.
Konfuzius antwortete: „Wenn der Mensch stets treu und aufrichtig ist und seine Pflicht erfüllt, dann wird auch sein Charakter immer vollkommener.
Die Menschen wünschen ihren Lieben ein langes Leben, ihren Feinden aber baldigen Tod.
Wenn man aber blind den eigenen Neigungen folgt, einen Menschen bald liebt und für ihn langes Leben erhofft, bald sein Todfeind ist — das ist zwiespältiges Verhalten.
Fürwahr, so etwas bringt nichts, das verwirrt nur."

XII,11. Jing-gong [Herrscher von Qi] fragte Konfuzius, was Regieren heiße.
Der Meister antwortete ihm: „Der Herrscher muß Herrscher sein, der Untertan muß Untertan bleiben. Der Vater sei Vater, der Sohn Sohn."
Jing-gong meinte dazu: „Das ist gut! Denn wenn der Herrscher nicht Herrscher, der Untertan nicht mehr Untertan, der Vater nicht Vater und der Sohn nicht Sohn ist, dann hätte ich selbst bei einer guten Ernte wohl kaum etwas zu essen."

XII,12. Konfuzius sprach: „Mit wenigen Worten einen Streit schlichten — das konnte wohl nur Zi-lu. Niemals zögerte er sein Urteil hinaus."

XII,13. Konfuzius sprach: „In einem Streitfall die Standpunkte der Parteien anhören, das kann ich genauso wie andere Leute. Notwendig wäre es aber, dafür zu sorgen, daß Streitigkeiten gar nicht erst entstehen."

XII,14. [Der Schüler] Zi-zhang fragte Konfuzius, was Regieren heiße.
Der Meister meinte: „Unermüdlich auf dem Posten sein, niemals nachlässig handeln und stets treu die Pflicht erfüllen!"

XII,15. Konfuzius sprach: „Wer eine gute Bildung hat und sich den Riten und Anstandsregeln unterwirft, wird wohl imstande sein, Fehltritte zu vermeiden."[182]

XII,16. Konfuzius sprach: „Der Edle hilft den Menschen, Gutes zu vollbringen. Keinesfalls ermuntert er sie zum Bösen.
Der Gemeine handelt entgegengesetzt."

XII,17. Ji Kang-zi fragte Konfuzius, was Regieren heiße.
Der Meister antwortete: „Regieren heißt das Rechte tun. Würdet Ihr Euch dabei an die Spitze stellen, wer würde dann wagen, anders zu handeln?"

XII,18. Ji Kang-zi litt unter dem Räuberunwesen; er bat Konfuzius um Rat.
Da sprach der Meister: „Wäret Ihr nicht so habgierig, würde keiner rauben und plündern, selbst wenn es dafür eine Belohnung gäbe."

XII,19. Ji Kang-zi wollte von Konfuzius wissen, wie regiert werden solle. Dabei meinte er: „Sollte man nicht um einer guten Sache willen alle jene töten, die nicht den rechten Weg gehen?"
Konfuzius entgegnete ihm: „Wieso müßt Ihr töten, wenn Ihr regiert? Ihr selbst müßt das Gute nur wirklich wollen, dann wird auch das Volk gut werden.

Der Herrscher ist dem Winde gleich. Der gewöhnliche Mann gleicht dem Gras.
Bläst der Wind übers Gras, dann biegt es sich."

XII,20. Zi-zhang fragte: „Wann kann man von einem klugen, gebildeten Menschen sagen, daß er auch ein bedeutender Mann ist?"
Konfuzius fragte zurück: „Was verstehst du unter bedeutend?"
Daraufhin Zi-zhang: „Ich meine, bedeutend ist, wer sowohl im Staate wie auch unter seinesgleichen einen großen Namen hat."
Dazu sagte Konfuzius: „So jemand ist ganz einfach bekannt, aber doch nicht bedeutend.
Ein bedeutender Mensch zeichnet sich durch Geradheit und Rechtschaffenheit aus. Stets erfüllt er seine Pflicht. Er geht den Reden anderer auf den Grund und durchschaut ihre Mienen — immer darauf bedacht, sich selbst bescheiden zurückzuhalten.
Bekannt hingegen sind jene, die sehr vordergründig Sittlichkeit betonen und so tun, als läge ihnen die Moral am Herzen, dabei jedoch häufig gegen moralische Prinzipien verstoßen.
Solche Leute, denen nie ein Zweifel am eigenen Verhalten kommt, machen sich überall einen großen Namen."

XII,21. [Der Schüler] Fan Chi unternahm gemeinsam mit Konfuzius einen Spaziergang am Altar für das sommerliche Regenopfer. Dabei wollte er wissen, wie man seinen Charakter bessern, schlechte Eigenschaften überwinden und dabei Richtiges und Falsches klarer auseinanderhalten könne.
„Das ist eine gute Frage", meinte Konfuzius. „Erst die Arbeit, dann der Lohn — ist nicht das ein Weg, die Moral zu heben?
Die eigenen Fehler bekämpfen und nicht die der anderen — werden dadurch nicht schlechte Eigenschaften überwunden?
Wegen eines Morgens voller Zorn und Ärger sich und die eigenen Eltern vergessen — ist das nicht Verblendung?"

XII,22. [Der Schüler] Fan Chi wollte wissen, was sittliches Verhalten[179] sei.
Konfuzius antwortete: „Die Menschen lieben."

Daraufhin fragte Fan Chi nach der Weisheit.
Konfuzius sprach: „Weisheit heißt, die Menschen zu kennen."
Doch Fan Chi verstand nicht sofort. So setzte der Meister hinzu: „Man soll Gerades auf Verbogenes setzen, damit auch das Verbogene gerade werde."
Fan Chi ging und traf Zi-xia. Zu ihm sprach er: „Ich habe eben den Meister gefragt, was Weisheit sei. Er hat mir geantwortet: ‚Man soll Gerades auf Verbogenes setzen, damit auch das Verbogene gerade werde.' Was heißt das?"
Zi-xia daraufhin: „Das sind bedeutungsvolle Worte.
Als [Kaiser] Shun das Reich hatte, wählte er unter vielen Gao-yao aus und ernannte ihn zum Minister. Da konnten schlechte Menschen nicht mehr bestehen.
Als [Kaiser] Tang[183] das Reich hatte, da wählte er Yi Yin aus, und auch hier verschwanden alle, die böse und schlecht waren."

XII,23. Zi-gong fragte, wie man einen Freund behandeln solle.
Die Antwort des Meisters lautete: „Ihm treu zur Seite stehen, ehrlich raten und ihn taktvoll zum Guten führen.
Will er dir nicht folgen, dann laß ihn. Vermeide so, dich selbst zu beschämen."

XII,24. [Der Schüler] Zeng Shen [Zeng-zi] sprach: „Der Edle findet durch Bildung Freunde. Mit Freundschaft fördert er Sittlichkeit."

Kapitel XIII

XIII,1. Zi-lu fragte Konfuzius, was Regieren heiße.
Dem Volk vorangehen, ihm ein Beispiel geben und es anspornen, lautete die Antwort.
Zi-lu bat um eine weitere Erläuterung. Da sprach der Meister: „Stets auf dem Posten sein und niemals nachlässig handeln."

XIII,2. Als [der Schüler] Ran Qiu Kanzler der [mächtigen Aristokratenfamilie] Ji war, fragte er Konfuzius, wie er regieren solle.

Der Meister gab zur Antwort: „Den anderen vorangehen, bei kleineren Verfehlungen nachsichtig sein sowie diejenigen fördern, die es verdienen."
Ran Qiu entgegnete: „Wie kann ich denn alle Fähigen und Begabten kennen, um sie zu fördern?"
Konfuzius meinte: „Fördere die, die du kennst. Damit gibst du ein Beispiel, dem andere folgen werden, so daß sich auch jene Talente und Begabungen entfalten, die dir nicht bekannt sind."

XIII,3. [Der Schüler] Zi-lu sprach zu Konfuzius: „Wenn Euch der Herrscher des Staates Wei die Regierung anvertraute — was würdet Ihr zuerst tun?"
Der Meister antwortete: „Unbedingt die Namen richtigstellen."
Darauf Zi-lu: „Damit würdet Ihr beginnen? Das ist doch abwegig. Warum eine solche Richtigstellung der Namen?"
Der Meister entgegnete: „Wie ungebildet du doch bist, Zi-lu! Der Edle ist vorsichtig und zurückhaltend, wenn es um Dinge geht, die er nicht kennt.
Stimmen die Namen und Begriffe nicht, so ist die Sprache konfus. Ist die Sprache konfus, so entstehen Unordnung und Mißerfolg. Gibt es Unordnung und Mißerfolg, so geraten Anstand und gute Sitten in Verfall. Sind Anstand und gute Sitten in Frage gestellt, so gibt es keine gerechten Strafen mehr. Gibt es keine gerechten Strafen mehr, so weiß das Volk nicht, was es tun und was es lassen soll. Darum muß der Edle die Begriffe und Namen korrekt benutzen und auch richtig danach handeln können. Er geht mit seinen Worten niemals leichtfertig um."[184]

XIII,4. Fan Chi wollte wissen, wie ein Feld zu bestellen sei.
Doch Konfuzius meinte: „Darin bin ich nicht so bewandert wie ein erfahrener Bauer."
Daraufhin bat der Schüler um Unterweisung im Gartenbau.
Aber der Meister sprach: „Damit bin ich nicht vertraut wie ein erfahrener Gärtner."
Nachdem Fan Chi gegangen war, sagte Konfuzius: „Fan Chi denkt wahrhaftig wie die gewöhnlichen Leute.
Werden oben die Regeln des Anstandes, der Sitte und Ordnung geachtet, dann wird auch unten niemand wagen, ohne Achtung und Ergebenheit zu sein.

Hat man oben ein richtiges Verhältnis zu Recht und Pflicht, dann wird sich im Volke niemand erkühnen, Ungehorsam zu zeigen.
Wird oben die Aufrichtigkeit hochgehalten, dann wird es unten niemand wagen, unaufrichtig zu sein. Wenn aber die Zustände so sind, dann werden die Menschen aus allen vier Himmelsrichtungen, ihre Kinder auf dem Rücken tragend, herbeigelaufen kommen.
Wieso braucht man dazu Kenntnisse über den Ackerbau?"

XIII,5. Konfuzius sprach: „Nehmen wir an, jemand kann alle dreihundert Stücke des ‚Buchs der Lieder' auswendig hersagen. Wird ihm aber eine verantwortungsvolle Aufgabe übertragen, dann versagt er; in diplomatischer Mission ins Ausland entsandt, zeigt er sich unselbständig und hilflos.
Ein solcher Mensch hat zwar viel gelernt, aber welchen Nutzen hat es?"

XIII,6. Konfuzius sprach: „Verhält man selbst sich korrekt, dann läuft alles, ohne daß Befehle gegeben werden müssen. Verhält man selbst sich aber nicht korrekt, so mag man noch so viel befehlen, die anderen gehorchen dennoch nicht."

XIII,7. Konfuzius sprach: „Der Staat Lu und der Staat Wei — sie verhalten sich zueinander wie Brüder."[185]

XIII,8. Konfuzius kam auf Jing zu sprechen, einen Sproß der Herrscherfamilie des Staates Wei.
Dieser verstünde, stets zufrieden zu sein, sprach der Meister. „Als er gerade erst begann, etwas zu besitzen, sagte er: ‚Das ist schon eine ganze Menge.'
Als er dann mehr hatte, meinte er: ‚Im Grunde reicht es schon.'
Dann wurde er reich, und da sagte er: ‚Jetzt geht es mir glänzend.'"

XIII,9. Konfuzius fuhr durch den Staat Wei; Ran Qiu lenkte den Wagen.
„Wie viele Menschen es hier gibt!" sprach der Meister. Da fragte Ran Qiu: „Da es schon so viele sind, was könnte man noch dazutun?"

Konfuzius erwiderte: „Sie wohlhabend machen!“
Darauf wieder Ran Qiu: „Und wenn die Menschen wohlhabend sind, was dann noch?“
„Sie bilden!“ sprach der Meister.

XIII,10. Konfuzius sprach: „Gäbe es einen Herrscher, der mich mit der Führung der Regierungsgeschäfte beauftragte — nach einem Jahr hätte ich bereits die ersten Erfolge, und nach drei Jahren wäre alles in Ordnung.“

XIII,11. Konfuzius sprach: „Es heißt ‚Wenn ein Staat über hundert Jahre hinweg ununterbrochen von guten, fähigen Leuten regiert wird, dann wird er mit dem Verbrechen fertig, und man braucht keine Todesstrafe mehr.‘
Das ist ein wahres Wort.“

XIII,12. Konfuzius sprach: „Käme jetzt auch ein wahrhaft vollkommener Herrscher, so würde es doch noch ein Menschenalter dauern, ehe sich das Gute durchsetzt.“

XIII,13. Konfuzius sprach: „Wer selbst danach strebt, vollkommener zu werden — was sollte der für Schwierigkeiten haben, andere zu regieren?
Wer aber selbst nicht zum richtigen Verhalten fähig ist — wie sollte der wohl andere bessern?“

XIII,14. Als Ran Qiu einmal von Hofe heimkehrte, fragte ihn Konfuzius: „Wieso kommst du so spät?“
Ran Qiu antwortete: „Es ging um Regierungsangelegenheiten.“
Doch der Meister meinte: „Es wird sich wohl um weniger wichtige Dinge gehandelt haben. Wären es Regierungsangelegenheiten gewesen, so hätte ich davon gewußt, auch wenn ich kein öffentliches Amt habe.“

XIII,15. Ding-gong [Herrscher von Lu] fragte: „Kann man mit einem Wort bezeichnen, was einen ganzen Staat zur Blüte bringt?“
Konfuzius antwortete: „Ein Wort allein reicht dafür eigentlich nicht.
Aber es heißt: ‚Herrscher sein ist schwer, Beamter sein nicht

leicht!‘ Wenn die Regierenden um die Schwierigkeiten ihres Amtes wissen und darum sorgfältig und gewissenhaft sind — ist es dann nicht fast so, daß ein einziges Wort das Land zum Aufblühen bringt?“
Ding-gong fragte nun: „Kann man aber mit einem einzigen Wort bezeichnen, was das Land ins Verderben stürzt?“
Da wiederholte Konfuzius: „Ein Wort allein reicht dafür eigentlich nicht.“ Dann setzte er hinzu: „Aber man sagt: ‚Es ist kein Vergnügen zu herrschen, es sei denn, niemand widerspricht!‘ Wenn die Worte des Herrschers wirklich korrekt sind und niemand ihnen widerspricht, dann ist es gut.
Aber wenn nun der Herrscher Falsches oder Unrechtes sagt, und niemand widerspricht ihm — kann da nicht tatsächlich ein Wort das Land fast ins Verderben stürzen?“

XIII,16. Der Präfekt von She wollte wissen, wie regiert werden solle.
Der Meister antwortete ihm: „Die eigenen Leute froh und glücklich machen, so daß Fremde angezogen werden.“

XIII,17. Als [der Schüler] Zi-xia Präfekt von Ju-fu[186] war, fragte er Konfuzius nach der rechten Art zu regieren.
Der Meister sprach: „Nicht mit aller Macht nach raschen Erfolgen streben und nicht nur auf die kleinen Vorteile sehen. Wer nach raschen Erfolgen strebt, kommt nicht zum Ziel. Nur auf die kleinen Vorteile zu sehen hält davon ab, Großes zu vollbringen.“

XIII,18. Der Präfekt von She unterhielt sich mit Konfuzius. Dabei sagte er: „Hier sind die Menschen wahrhaft aufrichtig. Der eigene Sohn bringt es zur Anzeige, wenn sein Vater ein Schaf gestohlen hat.“
Dazu bemerkte der Meister: „Bei uns ist das anders. Bei uns deckt der Vater den Sohn, und der Sohn deckt den Vater. Darin liegt Aufrichtigkeit.“

XIII,19. Als [der Schüler] Fan Chi nach dem rechten Verhalten fragte, sprach Konfuzius: „Zeige dich stets höflich, sei aufmerksam und gewissenhaft bei dem, was du tust, und treu gegenüber den Menschen. Diese Regeln sollst du nicht vergessen, selbst wenn du zu den Barbaren kommst.“

XIII,20. Zi-gong[187] fragte: „Wie muß ein Mensch sein, damit man ihn gebildet nennen kann?"
Konfuzius antwortete: „Wer in seinem Verhalten Ehrgefühl zeigt und — in andere Staaten entsandt — seinem Herrscher keine Schande macht, der kann gebildet genannt werden."
„Und wer kommt dann?" wollte Zi-gong wissen.
Dazu der Meister: „Es kommt der, der im Kreis der ganzen Familie und aller seiner Verwandten als gehorsam gilt und bei seinen Nachbarn als höflich und ehrerbietig."
„Wer folgt dann?"
„Wer in seinen Worten stets hält, was er verspricht, und in seinem Handeln stets das, was er beginnt, zu Ende führt. Er mag zwar stur und eigensinnig sein, wird aber doch wohl auf der nächsten Stufe stehen."
Dann fragte Zi-gong: „Und wie ist es mit denen, die heute regieren?"
Konfuzius entgegnete: „Ach, die haben nur Sinn für Eimer und Scheffel. Was zählen sie?"

XIII,21. Konfuzius sprach: „Wenn ich schon niemanden um mich finde, der in Wort und Tat dem Maß der Mitte folgt, dann will ich wenigstens mit Leuten Umgang haben, die entweder begeisterungsfähig sind oder aber mit Bedacht handeln. Die Begeisterungsfähigen streben vorwärts, die bedacht Handelnden wollen das Falsche vermeiden."

XIII,22. Konfuzius sprach: „Die Leute im Süden haben ein Sprichwort:
‚Ein Mensch ohne Beständigkeit taugt nicht einmal zum Zauberer und Hexenmeister.' Das ist ein gutes Sprichwort."
Im „Buch der Wandlungen" heißt es: „Wer nicht beständig und zuverlässig ist, wird sich oft blamieren."
Der Meister meinte: „Damit soll gesagt werden, daß ein solcher Mensch keine Voraussagen machen kann."

XIII,23. Konfuzius sprach: „Der Edle mag Harmonie und Eintracht mit anderen, Kumpanei aber ist ihm fremd.
Der Gemeine hingegen mag die Kumpanei; Harmonie und Eintracht sind ihm fremd."

XIII,24. Zi-gong fragte: „Was ist davon zu halten, wenn ein Mensch überall beliebt ist?"

Konfuzius meinte: „Das ist noch nicht genug."
„Und wenn einer bei allen verhaßt ist?"
Darauf der Meister: „Auch das ist noch nicht genug. Besser ist es, wenn ein Mench von den Guten geliebt und von den Bösen gehaßt wird."

XIII,25. Konfuzius sprach: „Dem Edlen zu dienen ist leicht; aber schwer ist es, seine Zuneigung zu gewinnen. Versucht man, mit unrechten Mitteln seine Gunst zu erlangen, dann mißfällt ihm das. Wenn er Menschen in seinen Dienst nimmt, richtet er sich nach ihren Fähigkeiten.
Dem Gemeinen zu dienen hingegen ist schwer; leicht ist es jedoch, seine Zuneigung zu gewinnen. Selbst mit unrechten Mitteln gelingt es. Und wenn er Menschen in seine Dienste nimmt, dann verlangt er von ihnen alles mögliche."

XIII,26. Konfuzius sprach: „Der Edle ist voll Würde, aber er ist nicht hochmütig.
Der Gemeine hingegen ist hochmütig, aber er hat keine Würde."

XIII,27. Konfuzius sprach: „Ein Mensch, der standhaft ist, den Entschlossenheit und Einfachheit auszeichnen und der darüber hinaus seine Worte mit Überlegung wählt — der kommt wahrer Sittlichkeit nahe."

XIII,28. Zi-lu fragte: „Wie muß man sein, um als gebildet gelten zu können?"
Der Meister antwortete: „Wer unbeirrbar für das Gute eintritt, stets zum Rechten mahnt sowie Harmonie und Eintracht will — den kann man gebildet nennen.
Er mahnt als Freund, als Bruder will er Eintracht."

XIII,29. Konfuzius sprach: „Wenn ein tüchtiger und tugendhafter Mann das Volk sieben Jahre lange erzieht, dann kann er es auch zu den Waffen rufen."

XIII,30. Konfuzius sprach: „Ein Volk in den Krieg führen, das nicht darauf vorbereitet ist, heißt, seinen Untergang herbeizuführen."

XIV,1. [Der Schüler] Yuan Sie wollte wissen, was unter Schande zu verstehen sei.
Konfuzius sprach: „Wenn ein Beamter nur daran denkt, seinen Posten zu behalten und sich die damit verbundenen Einkünfte zu sichern, so ist das eine Schande."
Yuan Si fragte: „Wenn jemand frei ist von Herrschsucht und Prahlerei, von Haß und Habsucht, kann man ihn dann wahrhaft sittlich nennen?"
Der Meister bemerkte daraufhin: „Das ist sicher schwer zu erreichen. Aber ob es bereits wahre Sittlichkeit ist, das möchte ich bezweifeln."

XIV,2. Konfuzius sprach: „Wer nur an das angenehme und bequeme Leben denkt, kann nicht wahrhaft gebildet sein."

XIV,3. Konfuzius sprach: „Geht der Staat den rechten Weg, soll man freimütig reden, mutig und entschlossen handeln. Geht ein Staat nicht den rechten Weg, dann sollte man entschlossen handeln, aber zurückhaltend in seinen Reden sein."

XIV,4. Konfuzius sprach: „Wer nach den richtigen moralischen Grundsätzen handelt, wird schon auch reden können. Wer jedoch reden kann, vertritt nicht immer schon die richtigen Grundsätze.
Wer sittlich ist, hat auch Mut.
Wer jedoch mutig ist, handelt nicht unbedingt sittlich."

XIV,5. Nan-gong-Guo[188] sagte zu Konfuzius: „Yi[189] war ein tüchtiger Bogenschütze, und Ao[190] konnte mit Booten umgehen. Sie sind aber beide keines natürlichen Todes gestorben. Yu[191] und Ji[192] bestellten selbst das Feld, und sie bekamen das Reich. Was kann man daraus schließen?"
Konfuzius gab keine Antwort. Nachdem Nan-gong Guo gegangen war, meinte er: „Dieser Mann ist wahrlich ein Edler! Wie schätzt er doch die Moral!"

XIV,6. Konfuzius sprach: „Daß einer der Regierenden[193] sich nicht richtig verhält — das kommt vor.
Einen Gemeinen[194] aber, der sich richtig zu verhalten weiß, gibt es nicht."

XIV,7. Konfuzius sprach: „Wenn man einen Menschen liebt, wie sollte man dann nicht um ihn besorgt sein?
Ist man einem anderen treu verbunden, wie sollte man ihn dann nicht stets zum Guten ermahnen?“

XIV,8. Konfuzius sprach: „[Der Beamte] Bi Shen verfaßte den Entwurf. Shi-shu prüfte ihn und sagte seine Meinung dazu. Der Außenminister Zi-yu verbesserte die Vorlage stilistisch, und Zi-chan[95] aus Dong Li brachte das Ganze in die letzte Fassung.“[195]

XIV,9. Jemand fragte Konfuzius, was von Zi-chan zu halten sei.
„Er war ein guter Mensch!“ antwortete der Meister.
„Und was ist von Zi-xi[196] zu halten?“
„Ach der, ach der!“
„Und was ist mit Guan Zhong[83]?“
Darauf antwortete Konfuzius: „Ein tüchtiger Mann! Er nahm dem Haupt der adligen Familie Bo aus dem Staate Qi den Lehen Bian mit dreihundert Familien weg. Dieser Mann hatte fortan nur noch gewöhnlichen Reis zu essen, und dennoch konnte er bis zu seinem Tode kein Wort des Hasses gegen Guan Zhong äußern.“

XIV,10. Konfuzius sprach: „Arm sein und nicht murren ist schwer; reich sein, aber nicht hochmütig, ist dagegen leicht.“

XIV,11. Konfuzius sprach: „Meng Gong-chuo[197] wäre wohl geeignet, bei den Adelsfamilien Zhao oder Wei aus dem Staate Jin zu dienen. Er hat aber nicht das Zeug, Minister auch nur eines so kleinen Staates wie Teng oder Xie zu sein.“

XIV,12. Zi-lu wollte wissen, wodurch ein Mensch vollkommen sei.
Der Meister sprach: „Ein Mensch kann als vollkommen gelten, der weise ist wie Zang Wu-zhong[198], selbstlos wie Meng Gong-chuo, mutig wie Bian Zhuang-zi[199] und tüchtig wie Ran Qiu.
Dabei müssen alle diese Eigenschaften durch die Regeln des Anstands und der Musik geformt und zur Vollendung gebracht sein.“

Der Meister machte eine Pause und setzte dann hinzu: „Und heute, was muß heute den vollkommenen Menschen auszeichnen?
Wenn man, auch wenn ein persönlicher Vorteil winkt, nicht vergißt, was man darf und was man nicht darf, wenn man darüber hinaus bei Gefahr auch bereit ist, sein Leben zu geben, und wenn man schließlich stets zu seinen Worten steht, dann ist man wohl auch als vollkommen zu bezeichnen."

XIV,13. Konfuzius fragte den Gong-ming Jia[200] nach Gongshu Wen [einem Beamten aus dem Staate Wei]: „Ist es wahr, daß dein Meister[201] nicht spricht, nicht lacht und nichts annimmt?"
Gong-ming Jia antwortete: „Das ist übertrieben.
Er spricht erst, wenn es an der Zeit ist zu sprechen; darum finden die Leute seine Worte nicht lästig.
Er lacht dann, wenn er vergnügt ist; darum finden andere sein Lachen nicht lästig.
Er nimmt nur dann etwas, wenn er soll; darum nehmen die Leute auch keinen Anstoß daran."
Daraufhin meinte der Meister: „Ist er wirklich so?"

XIV,14. Konfuzius sprach: „Zang Wu-zhong [zum Verlassen des Staates Lu gezwungen] bat von seinem Lehen Fang aus, für ihn als Haupt der Zang-Familie einen Nachfolger zu benennen.
Man sagt, er habe keinen Druck auf den Herrscher von Lu ausgeübt. Ich glaube es aber nicht."[202]

XIV,15. Konfuzius sprach: „Der Herrscher von Jin, Wengong, war hinterlistig und falsch.
Huan-gong, Herrscher von Qi, hingegen war aufrichtig und niemals hinterlistig."[203]

XIV,16. [Der Schüler] Zi-lu sprach: „Huan-gong [Herrscher von Qi] tötete seinen Bruder Gong-zi Jiu. Von dessen beiden Getreuen starb der eine, Shao Hu, mit seinem Herrn; er beging Selbstmord. Der andere, Guan Zhong[83], blieb aber am Leben."
Nach einer Pause fuhr Zi-lu fort. „Muß man da nicht sagen, daß es ihm an Sittlichkeit mangelte?"

Konfuzius bemerkte dazu: „Daß es Huan-gong viele Male gelang, die Lehnsfürsten unter seinem Vorsitz zu versammeln und dabei den Krieg zu stoppen — das war der Einfluß von Guan Zhong. Hierin zeigt sich seine Sittlichkeit."

XIV,17. Der Schüler Zi-gong meinte: „Hat sich etwa Guan Zhong in seinem Verhalten nach sittlichen Grundsätzen gerichtet? Als Huan-gong [seinen Bruder] Gong-zi Jiu tötete, da konnte er es nicht über sich bringen, zusammen mit seinem Herrn zu sterben. Mehr noch, er wurde sogar Huan-gongs Kanzler."
Der Meister erwiderte: „Weil Guan Zhong Huan-gongs Kanzler war, konnte dieser die Führung unter den Lehnsfürsten übernehmen, so daß das Reich zur Ordnung kam. Bis auf den heutigen Tag genießt das Volk seine Wohltaten.
Ohne Guan Zhong würden wir noch [wie die Barbaren] die Haare ungebunden tragen und unsere Kleidung nach links knöpfen.
Hätte er da wirklich so einfältig sein sollen und sich, wie es gewöhnliche Leute tun, in den Fluß stürzen sollen, so daß niemand je von ihm erfahren hätte?"

XIV,18. Als Gong-shu Wen[204] Beamter bei Hofe wurde, empfahl er auch den Zhuan, der bei ihm angestellt war, in ein öffentliches Amt. Als Konfuzius davon hörte, sagte er: „Gong-shu Wen verdient es, ‚wen' [vornehm und gebildet] genannt zu werden."

XIV,19. Konfuzius kam auf den losen Lebenswandel des Ling-gong, Herrscher des Staates Wei, zu sprechen. Da fragte ihn [der Adlige] Ji Kang-zi [aus Lu]: „Wenn das so ist, wie kann er sich dann als Herrscher halten?"
Der Meister antwortete: „Er hat Zhong-shu Yu für Empfang und Betreuung der Gäste, den Zhu Tuo für die Kultangelegenheiten sowie den Wang-sun Jia für die Armee. Da er so tüchtige Beamte hat, wie sollte er die Herrschaft über den Staat verlieren?"

XIV,20. Konfuzius sprach: „Wer in seinen Worten nicht maßvoll ist, von dem ist kaum zu erwarten, daß er handelt, wie er spricht."

XIV,21. [Der Minister] Chen Heng [aus dem Staate Qi] hatte seinen Herrscher, Jian-gong, getötet. Konfuzius machte dem Ai-gong [Herrscher des Staates Lu] seine Aufwartung, nachdem er vorher — dem Ritus gemäß — gebadet hatte. Dabei sprach er: „Chen Heng hat den Jian-gong von Qi umgebracht. Ich bitte Euch, Truppen zu entsenden, um den Mord zu ahnden."
Ai-gong erwiderte: „Teile es den Häuptern der drei Adelsfamilien mit!"[205]
Von Hofe zurückgekehrt, meinte der Meister: „Weil ich meine Verantwortung kenne, konnte ich nicht umhin, von diesem Ereignis zu berichten. Doch der Herrscher schickt mich zu den Häuptern der drei Adelsfamilien."
Konfuzius begab sich zu den drei Adligen. Diese aber lehnten sein Ansinnen ab. Daraufhin sagte er: „Weil ich meine Verantwortung kenne, konnte ich nicht umhin, von diesem Ereignis zu berichten."[206]

XIV,22. Zi-lu fragte, wie man dem Herrscher dienen solle.
Konfuzius antwortete: „Den Herrscher niemals täuschen. Sollte es erforderlich sein, sich ihm offen widersetzen."

XIV,23. Konfuzius sprach: „Der Edle strebt nach Höherem, den Gemeinen hingegen zieht es nach unten."

XIV,24. Konfuzius sprach: „Im Altertum lernte man, um sich selbst zu vervollkommnen;
heute dagegen lernt man, um anderen gegenüber etwas zu gelten."

XIV,25. Qu Bo-yu [Beamter in Wei] sandte einen Boten zu Konfuzius. Dieser bat ihn, Platz zu nehmen. Dann fragte er: „Womit befaßt sich dein Meister?"
Der Bote antwortete: „Er ist bemüht, weniger Fehler zu machen, aber es gelingt ihm noch nicht."
Nachdem er sich verabschiedet hatte, meinte Konfuzius: „Dieser Bote ist in Ordnung."

XIV,26. Konfuzius sprach: „Um die Ausübung eines Amtes kümmere sich nur, wer kompetent dafür ist."
Zeng-zi sprach: „Der Edle konzentriert sich mit seinen Gedanken auf die Erfüllung der eigenen Pflichten."[207]

XIV,27. Konfuzius sprach: „Der Edle schämt sich, wenn seine Worte seine Taten übertreffen."

XIV,28. Konfuzius sprach: „Zum Weg des Edlen gehört dreierlei, aber ich bewältige es nicht:
Richtiges Verhalten zu anderen Menschen — es befreit von Sorgen.
Weisheit — sie bewahrt vor Zweifeln.
Entschlossenheit — sie überwindet die Furcht."
Zi-gong bemerkte: „So beurteilt der Meister sich selbst."

XIV,29. Zi-gong hatte die Angewohnheit, andere zu kritisieren. Darum sprach der Meister zu ihm: „Bist du etwa selbst schon so gut?
Ich würde mich zuerst um mein eigenes Verhalten kümmern, so daß ich dafür keine Zeit hätte."

XIV,30. Konfuzius sprach: „Es kümmert mich nicht, wenn mich die Menschen nicht kennen.
Es kümmert mich aber, wenn es mir an Fähigkeiten mangelt."

XIV,31. Konfuzius sprach: „Man soll nicht überall Betrug wittern und auch nicht grundlos an der Ehrlichkeit anderer Leute zweifeln, aber dennoch ein Gespür dafür haben. Wer das hat, ist anderen überlegen."

XIV,32 Wei-sheng Mou[208] sprach zu Konfuzius: „Du tust so geschäftig? Du willst dich doch nicht irgendwo einschmeicheln?"
Konfuzius antwortete: „Das liegt mir fern, aber ebenso mag ich Sturheit nicht."

XIV,33. Konfuzius sprach: „Ein edles Rassepferd schätzt man nicht nur wegen seiner Kraft."[209]

XIV,34. Jemand fragte den Meister: „Soll man mit Güte[210] vergelten, wenn einem Unrecht geschieht?"
„Womit willst du dann Güte vergelten?
Unrecht ist mit Gerechtigkeit, Güte mit Güte zu vergelten", entgegnete der Meister.

XIV,35. Konfuzius sprach: „Niemand kennt mich."
„Wie meint Ihr das?" wollte Zi-gong wissen.
Der Meister erwiderte: „Ich verüble es dem Himmel nicht, ich hadere nicht mit den Menschen.
Unten fing ich zu lernen an, zu Hohem will ich vordringen.
Einzig der Himmel kennt mich."

XIV,36. [Ein Mann namens] Gong-bo Liao hatte [den Schüler] Zi-lu bei [dem Adligen] Ji-sun in Mißkredit gebracht. [Der Beamte] Zi-fu Jing-bo berichtete dem Meister davon und sprach: „Unser Herr ist von Gong-bo Liao irregeführt worden. Aber meine Macht reicht aus, daß dieser Verleumder hingerichtet und sein Leichnam zur Schau gestellt wird."
Konfuzius aber meinte: „Es hängt vom Willen des Himmels ab, ob sich die Wahrheit durchsetzt oder nicht. Was vermag da Gong-bo Liao?"

XIV,37. Konfuzius sprach: „Von denen, die besonders weise sind, zieht sich mancher völlig von der Welt zurück. Dann gibt es welche, die sich von einem bestimmten Ort zurückziehen. Andere wieder entziehen sich dem Anblick derer, die sich nicht mögen. Und schließlich gibt es welche, die sich bösen Reden entziehen."
Und dann setzte der Meister hinzu: „Sieben haben sich so verhalten."

XIV,38. Zi-lu verbrachte einmal die Nacht am Steintor. Als er am nächsten Morgen das Tor passierte, fragte ihn der Torwächter: „Woher kommst du?"
„Von Meister Kong", war die Antwort.
Daraufhin der Torwächter: „Ist das nicht jener Mann, der weiß, daß seine Ideen nicht zu verwirklichen sind, aber dennoch nicht davon abläßt?"

XIV,39. Der Meister hielt sich im Staate Wei auf. Eines Tages spielte er auf dem Klingstein[211]. Da kam ein Mann — mit einem Korb aus Strohgeflecht auf der Schulter — an Konfuzius' Tür vorbei und sprach:
„Welchen tiefen Sinn hat es doch, auf diesem Instrument zu spielen!"
Er wartete etwas, und dann sagte er:

„Wie erbärmlich ist doch dieses Geklingel. Wenn einen niemand kennt, läßt man es eben sein.[212]
Ist das Wasser tief, muß man sich mit den Kleidern hineinstürzen, um an das andere Ufer zu gelangen.
Ist es flach, so kann man die Kleidung anheben und hindurchwaten."[213]
Der Meister bemerkte darauf: „Wie entschieden ist doch dieser Mann! Aber seine Art von Konsequenz ist nicht schwer!"

XIV,40. Zi-zhang sagte: „Im ‚Buch der Urkunden' heißt es: ‚Gao-zong [König der Yin] wohnte während der Trauer um seinen Vorgänger aus Gründen der Pietät im Trauerzelt und sprach drei Jahre kein Wort.'[214]
Was bedeutet das?"
Der Meister entgegnete: „Warum nennst du gerade Gao-zong? Die Alten machten es alle so. Wenn der Herrscher verstorben war, dann hat sich sein Nachfolger während dreier Jahre Trauer der Politik enthalten. Die Beamten taten in dieser Zeit ihre Pflicht und hörten auf den Kanzler."

XIV,41. Konfuzius sprach: „Wenn die Herrschenden die allgemeinen Umgangsformen und Anstandsregeln befolgen, dann ist das Volk leicht zu regieren."

XIV,42. Zi-lu fragte den Meister, was den Edlen auszeichne.
Konfuzius antwortete: „Der Edle erzieht sich selbst zur gewissenhaften Erfüllung seiner Pflichten."
„Ist das alles?" sagte Zi-lu.
„Er erzieht sich selbst, um anderen Menschen Ruhe und Frieden zu geben", war die Antwort.
Darauf Zi-lu wieder: „Und das ist alles?"
Konfuzius setzte hinzu: „Er erzieht sich selbst, um dem Volk Ruhe und Frieden zu geben. Das aber war sogar für [die alten Kaiser] Yao und Shun schwierig."

XIV,43. Yuan Rang [ein alter Bekannter des Meisters] hockte auf dem Boden. Er verharrte in dieser Haltung und wartete, daß Konfuzius zu ihm herantrat.
Der Meister sagte zu ihm: „Als Junge warst du nicht artig und bescheiden, als Erwachsener hast du nichts Nennenswertes geleistet. So lebst du immer weiter — wie ein Tagedieb."

Er nahm seinen Stock und schlug ihn auf die Schienbeine.

XIV,44. Ein Junge aus Que Dang[215] war bei Konfuzius angestellt.
Jemand fragte: „Macht er Fortschritte?"
Konfuzius meinte daraufhin: „Ich bemerke, daß er sich immer setzt, auch wenn es nur einem Erwachsenen vorbehalten ist.
Ich sehe ferner, daß er Älteren nicht den Vortritt läßt.
Ihm geht es nicht um Fortschritte in Moral und Schicklichkeit; er will es vielmehr auf kürzestem Wege zu etwas bringen."

Kapitel XV

XV,1. Ling-gong [Herrscher im Staate Wei] wollte die Meinung des Meisters zu Regeln der militärischen Taktik hören.
Doch Konfuzius meinte: „Über die Regeln des Anstands und die Riten habe ich viel gehört. Von militärischen Regeln dagegen verstehe ich nichts."
Am nächsten Tag verließ der Meister den Staat Wei.

XV,2. Als Konfuzius mit seinen Schülern im Staate Chen war, gingen die Lebensmittel zu Ende. Die Schüler wurden so schwach, daß sie sich nicht erheben konnten.
Da sprach Zi-lu ärgerlich: „Gibt es für den Edlen auch Zeiten, in denen er in Not ist und keinen Ausweg weiß?"
Konfuzius erwiderte: „Wenn der Edle in Not ist, erträgt er sie standhaft.
Ist der gewöhnliche Mensch in Not, dann verliert er die Fassung."

XV,3. Konfuzius sagte zu Zi-gong: „Du hältst mich wohl für einen, der vielerlei gelernt und im Gedächtnis behalten hat?"
Zi-gong antwortete: „Ist es denn nicht so?"
Doch der Meister entgegnete: „Nein, das trifft nicht zu. Ich habe ein grundlegendes Prinzip, einem Faden vergleichbar, auf dem ich alles aufreihen kann."

XV,4. Konfuzius sprach zu Zi-lu: „Es gibt nur wenige Menschen, die die Moral wirklich zu schätzen wissen."

XV,5. Konfuzius sprach: „Das Reich in Ordnung halten und selbst dabei ruhig und gelassen bleiben —
das konnte doch wohl nur [der alte Kaiser] Shun.
Denn was tat er anderes, als ernst und würdevoll auf dem Thron zu sitzen, das Gesicht nach Süden gewandt?"

XV,6. Zi-zhang fragte, wie man sich benehmen solle, um überall zurechtzukommen.
Konfuzius antwortete: „Offen und ehrlich reden, redlich und pflichtbewußt handeln —
damit kommst du selbst bei den Barbaren zurecht.
Bist du hingegen nicht offen und ehrlich in deinen Worten, nicht redlich und pflichtbewußt in deinem Verhalten —
wirst du etwa damit, und wenn es in deiner nächsten Umgebung ist, zurechtkommen?
Stehst du, dann sieh diese Worte ‚offen, ehrlich, redlich, pflichtbewußt' gleichsam vor dir, wie der Wagenlenker das Pferdegespann.
Sitzt du im Wagen, dann sei es, als ob sie im vorderen Querbalken eingeritzt seien.
So wirst du dich überall richtig verhalten."
Zi-zhang schrieb sich daraufhin diese Worte auf seinen Gürtel.

XV,7. Konfuzius sprach: „Wahrlich geradlinig war der Geschichtsschreiber Yu.
Wurde das Land gut regiert und herrschte Ordnung, war er wie ein Pfeil.
Wurde das Land schlecht regiert und herrschte Unordnung, war er wie ein Pfeil.
Wahrlich ein Edler ist Qu Bo-yu. Wird das Land nach den rechten Grundsätzen regiert, dann tritt er hervor und übernimmt ein öffentliches Amt.
Wird das Land hingegen schlecht regiert, dann lebt er zurückgezogen und bewahrt sich seine Überzeugung."[216]

XV,8. Konfuzius sprach: „Triffst du einen Menschen, mit dem zu reden sich lohnt, und du redest nicht mit ihm, so hast du einen Menschen verfehlt.
Triffst du einen Menschen, mit dem zu reden sich nicht lohnt, und du redest mit ihm, so hast du deine Worte vergeudet.

Der Weise verfehlt weder einen Menschen, noch vergeudet er seine Worte."

XV,9. Konfuzius sprach: „Ein Mann von starkem Willen und hoher Moral wird niemals versuchen, sein Leben auf Kosten seiner Überzeugung zu retten.
Er ist sogar bereit, sein Leben für seine Überzeugung zu opfern."

XV,10. Zi-gong fragte den Konfuzius, wie man sittliches Verhalten fördern könne.
Der Meister antwortete: „Ein Arbeiter, der gute Arbeit leisten will, muß zunächst das passende Werkzeug haben.
Diene denen, die sich durch besondere Moral und Weisheit auszeichnen.
Pflege Umgang mit gebildeten Menschen, die gut und richtig handeln."

XV,11. Yan Yuan[217] fragte Konfuzius, wie ein Staat verwaltet werden solle.
Der Meister antwortete: „Die Zeit nach dem Lauf der Natur einteilen und darum dem Kalender der Xia-Dynastie folgen![218]
Einfach und schlicht sein und aus diesem Grunde den Staatswagen der Yin-Dynastie benutzen![219]
Bei Zeremonien und festlichen Anlässen auf das Äußere Wert legen und deshalb die elegante Kopfbedeckung der Zhou-Dynastie tragen!
Musik, die wohlklingend und zugleich tugendhaft ist, muß gepflegt werden.
Deshalb übernehme man die Musik aus alten Zeiten, vom Kaiser Shun. Die Zheng-Musik aber müßte verboten werden; zungenfertige Redner sind fernzuhalten.
Die Zheng-Musik putscht auf; zungenfertige Redner verführen."

XV,12. Konfuzius sprach: „Wer nicht an die Zukunft denkt, wird bald Sorgen haben."

XV,13. Konfuzius sprach: „Es ist aus! Ich habe noch niemanden gesehen, der innere Werte genauso liebt wie äußere Schönheit."[220]

XV,14. Konfuzius sprach: „Zang Wen-zhong[97] — dem gebührt sein Amt eigentlich gar nicht.
Er weiß genau um die Qualitäten des Liu-xia Hui[221], gibt ihm aber keine entsprechende Stellung."

XV,15. Konfuzius sprach: „Fordere viel von dir selbst und erwarte weniger von anderen! So wird dir Ärger erspart bleiben."

XV,16. Konfuzius sprach: „Ein Mensch, der nicht immer wieder darüber nachdenkt, wie er sich verhalten soll — mit dem weiß ich nichts anzufangen."

XV,17. Konfuzius sprach: „Die den ganzen Tag mit anderen zusammenhocken, verantwortungslos reden und Dummheiten aushecken — mit solchen Leuten hat man's schwer."

XV,18. Konfuzius sprach: „Dem Edlen ist die Pflicht die Richtschnur seines Verhaltens.
Er folgt den Regeln des Anstands und der Schicklichkeit. Er ist bescheiden in seinen Worten. Er ist aufrichtig in seinem Verhalten. Fürwahr, so ist ein Edler."

XV,19. Konfuzius sprach: „Der Edle leidet durch sein eigenes Unvermögen.
Er leidet nicht darunter, daß ihn die Menschen nicht kennen."

XV,20. Konfuzius sprach: „Der Edle haßt den Gedanken, die Welt zu verlassen, ohne etwas geleistet zu haben, was bleibender Anerkennung wert ist."

XV,21. Konfuzius sprach: „Der Edle fordert sich selbst.
Der Gemeine fordert von anderen."

XV,22. Konfuzius sprach: „Der Edle ist selbstbewußt, aber nicht streitsüchtig.
Er liebt den Umgang mit Menschen, ist aber gegen Kumpanei."

XV,23. Konfuzius sprach: „Der Edle beurteilt die Menschen

nicht nach ihren Worten, und er verwirft nicht Worte nur des Menschen wegen, der sie gesprochen hat."

XV,24. Zi-gong fragte den Konfuzius: „Gibt es ein Wort, das ein ganzes Leben lang als Richtschnur des Handelns dienen kann?"
Konfuzius antwortete: „Das ist ‚gegenseitige Rücksichtnahme'. Was man mir nicht antun soll, will ich auch nicht anderen Menschen zufügen."

XV,25. Konfuzius sprach: „Wenn ich über andere Menschen urteile, gehe ich da etwa leichtfertig mit Lob oder Tadel um? Wenn ich jemanden besonders lobe, dann habe ich das sorgfältig erwogen. So verhielten sich auch die Menschen während der drei Dynastien [Xia, Shang und Zhou] und deshalb vermochten diese, den rechten Weg zu gehen."

XV,26. Konfuzius sprach: „Ich habe es selbst noch erlebt, daß ein Geschichtsschreiber Lücken im Text ließ, wenn er sich nicht sicher war. Wer ein Pferd hatte [und es selbst nicht brauchte], ließ es anderen.
Heute gibt es das nicht mehr."

XV,27. Konfuzius sprach: „Rhetorische Spitzfindigkeiten schaden der Moral.
Kleinliches Verhalten stellt große Pläne in Frage."

XV,28. Konfuzius sprach: „Wo die Menge haßt, prüfe, warum sie haßt!
Wo die Menge liebt, prüfe, warum sie liebt!"

XV,29. Konfuzius sprach: „Der Mensch kann Großes denken und hohen Idealen folgen.
Das bedeutet aber nicht, daß er selbst dadurch zu Ansehen und Einfluß gelangt."

XV,30. Konfuzius sprach: „Einen Fehler machen und ihn nicht korrigieren —
das erst heißt wirklich einen Fehler machen."

XV,31. Konfuzius sprach: „Ich habe schon tage- und nächtelang über die rechte Art zu leben nachgedacht, nichts gegessen und nicht geschlafen. Ich versuchte, selbst darauf zu kommen. Das aber hat keinen Nutzen. Besser ist es, von anderen zu lernen."

XV,32. Konfuzius sprach: „Der Edle strebt nach dem rechten Weg. Nicht um Wohlstand geht es ihm.
Wer ackert, muß deshalb nicht auch gut leben können.
Wer hingegen lernt, den rechten Weg zu gehen, findet schon Zufriedenheit.
Der Edle ist besorgt um die Wahrheit. Armut bekümmert ihn nicht."

XV,33. Konfuzius sprach: „Wer durch sein Wissen zu einem öffentlichen Amt gelangt ist, dies aber nicht mit Liebe zu den Menschen auszuüben vermag, wird es wieder verlieren.
Wer durch sein Wissen ein Amt erworben hat und es auch mit Menschlichkeit ausfüllt, dies jedoch ohne Würde tut, wird vom Volk nicht respektiert.
Wer durch sein Wissen ein Amt erworben hat, es durch Menschenliebe zu bewahren vermag und auch Würde zeigt, jedoch das Volk mobil macht, ohne Sitte und Ordnung zu achten —
der ist nicht gut genug."

XV,34. Konfuzius sprach: „Der Edle kennt sich in den kleinen Dingen nicht aus; doch kann er mit großen Aufgaben betraut werden.
Der gewöhnliche Mensch kann sich in kleinen Dingen auskennen; aber mit großen Aufgaben kann er nicht betraut werden."

XV,35. Konfuzius sprach: „Die Menschen bedürfen mehr des rechten sittlichen Verhaltens zueinander, als sie des Wassers oder Feuers bedürfen.
Ich habe Menschen durch Feuer oder Wasser sterben sehen.
Aber ich habe noch keinen an Sittlichkeit sterben sehen."

XV,36. Konfuzius sprach: „Gut und sittlich handeln — das sollst du. Hierbei bleibe nicht in höflicher Bescheidenheit hinter deinem Lehrer zurück."

XV,37. Konfuzius sprach: „Der Edle geht unbeirrbar den rechten Weg; er ist aber nicht stur."

XV,38. Konfuzius sprach: „Dienst du dem Herrscher, so denke in erster Linie daran, deine Arbeit gewissenhaft auszuführen.
Erst in zweiter Linie kommt der Lohn."

XV,39. Konfuzius sprach: „Bildung soll allen zugänglich sein. Man darf keine Standesunterschiede machen."

XV,40. Kofuzius sprach: „Geht man unterschiedliche Wege, dann kann man einander keine Ratschläge geben."

XV,41. Konfuzius sprach: „Worte sollen den Menschen etwas sagen — das ist alles."

XV,42. Der Musikmeister Mian machte Konfuzius einen Besuch. Als er bei den Stufen angekommen war, sagte der Meister: „Hier sind Stufen."
Bei der Sitzmatte angelangt, sagte Konfuzius zu ihm: „Hier ist die Matte."
Nachdem alle Platz genommen hatten, informierte Konfuzius ihn: Der und der ist hier, der und der ist hier.
Als der Musikmeister hinausgegangen war, fragte Zi-zhang den Konfuzius: „Ist das die richtige Art, mit einem Musikmeister zu reden?"
Der Meister antwortete: „Doch, das ist sicher die richtige Art, einem Blinden zu helfen."[222]

Kapitel XVI

XVI,1. Das Haupt des Adelsgeschlechts der Ji plante eine Strafexpedition gegen Zhuan-yu [einen Vasallenstaat von Lu].
Ran Qiu und Zi-lu machten Konfuzius ihre Aufwartung und informierten ihn, daß die Ji-Familie Zhuan-yu mit Truppen zu überfallen drohe.[223]
Konfuzius bemerkte darauf: „Ran Qiu, sollte man dafür nicht besser dich tadeln?[224]

Diesem Zhuan-yu sind bereits in alten Zeiten von den Herrschern[225] die Opfer den Meng-Berg[226] übertragen worden.
Und außerdem, es liegt mitten im Territorium unseres Staates und ist von ihm abhängig.
Wie kann da irgend jemand Zhuan-yu angreifen?"
Ran Qiu erwiderte: „Ji-sun[227], unser Herr, will es. Wir beide, seine Diener, wünschen es nicht."
Konfuzius entgegnete: „Ran Qiu! Zhou Ren[228] hat einmal gesagt: ‚Ein Amt übernehme, wenn du dich darin entfalten kannst, anderenfalls gib es ab.'
Wer einen Blinden nicht stützt, wenn sein Schritt unsicher wird, wer ihm nicht aufhilft, wenn er gefallen ist — wie kann man den als Blindenführer brauchen?
Was du sagst, ist falsch. Wenn ein Tiger oder ein Nashorn aus dem Käfig ausbricht, wenn Schildpatt oder Jade dort beschädigt wird, wo es verwahrt wird — wer ist dafür verantwortlich?"
Ran Qiu sagte daraufhin: „Aber Zhuan-yu ist heute stark, und es ist nahe bei Bi [dem Lehen des Ji-sun] gelegen. Nimmt man es jetzt nicht ein, so wird es später einmal den Nachkommen Sorgen machen."
Dazu meinte Konfuzius: „Ran Qiu! Dem Edlen mißfällt es, wenn man seine wahren Absichten nicht äußert, sondern sich statt dessen Vorwände ausdenkt.
Ich habe gehört: Ob Herrscher eines Staates oder Oberhaupt einer Familie, er braucht nicht beunruhigt zu sein, wenn Armut herrscht; ist der Besitz jedoch ungerecht verteilt, so muß er beunruhigt sein. Er braucht nicht beunruhigt zu sein, wenn die Menschen wenige sind; er muß aber beunruhigt sein, wenn Unfrieden herrscht.
Ist der Reichtum richtig verteilt, kann niemand von Armut reden.
Herrscht Eintracht, dann gibt es keinen Mangel an Menschen.
Herrscht Ruhe, dann gibt es keinen Umsturz.
Wenn sich unter diesen Bedingungen die Menschen aus fernen Gegenden noch nicht bereitwillig fügen, dann muß man Bildung und Moral so kultivieren, daß sie davon unwillkürlich angezogen werden.
Sind sie dann gekommen, soll man ihnen Ruhe und Frieden geben.

Ihr beide unterstützt heute Ji-sun. Doch die Menschen aus fernen Gegenden fügen sich nicht, und er vermag nicht, sie zu gewinnen.
Im Lande herrschen Zwiespalt, Ruin und Separatismus; er kann es nicht zusammenhalten.
Und jetzt plant er noch, innerhalb des Staates Krieg zu führen.
Ich fürchte, Ji-sun hat nicht wegen Zhuan-yu, sondern wegen des Herrschers von Lu Sorgen."

XVI,2. Konfuzius sprach: „Wenn unter dem Himmel Ordnung herrscht, ist der Sohn des Himmels die höchste Autorität in allen politischen und kultischen Angelegenheiten, er trifft auch die Entscheidungen über militärische Strafexpeditionen.
Ist keine Ordnung unter dem Himmel, dann geht diese Aktivität von den Lehnsfürsten aus. Wenn sie von den Lehnsfürsten ausgeht, dann dauert es selten länger als zehn Generationen, bis sie die Macht verloren haben.
Wenn sie von den hohen Beamten ausgeht, währt es selten länger als fünf Generationen.
Wenn sie gar von deren Dienern ausgeht, so halten sich diese kaum über drei Generationen hinweg.
Herrscht Ordnung unter dem Himmel, dann liegt die höchste Macht nicht in den Händen des Beamtenadels.
Herrscht Ordnung unter dem Himmel, dann murrt das Volk nicht."

XVI,3. Konfuzius sprach: „Das Herrscherhaus von Lu hat bereits seit fünf Generationen nicht mehr die Macht im Staate.
Beamtenadel hat die Macht, und zwar schon über vier Generationen. Deshalb sind jetzt auch die Nachkommen der drei Huan-Geschlechter[229] dem Verfall ausgesetzt."

XVI,4. Konfuzius sprach: „Es gibt drei Arten Freundschaft, die förderlich sind, und drei Arten Freundschaft, die von Übel sind.
Freundschaft mit Aufrichtigen, mit Treuen, mit Erfahrenen ist förderlich.
Freundschaft mit Speichelleckern, mit Prinzipienlosen, mit Schwätzern ist von Übel."[230]

XVI,5. Konfuzius sprach: „Es gibt drei Arten von Freuden, die förderlich sind, und drei Arten von Freuden, die von Übel sind.
Sich an Musik und guten Umgangsformen erfreuen, über die Vorzüge anderer reden und sich darüber freuen, viele wertvolle Freunde haben und sich darüber freuen
— diese Freuden sind förderlich.
Freude an Verschwendung, an Müßiggang, an Schwelgerei
— solche Freuden sind von Übel."

XVI,6. Konfuzius sprach: „Im Zusammensein mit einem Mann von Rang und Würden gibt es drei Verstöße:
Reden, ehe er dich angesprochen hat — das ist vorlaut;
nicht reden, wenn er dich angesprochen hat — das ist verschlagen;
reden, ohne dabei seine Miene zu beobachten — das ist blind."

XVI,7. Konfuzius sprach: „Der Edle hütet sich vor dreierlei:
In der Jugend, wenn der Körper noch nicht entwickelt ist, hütet er sich vor sinnlichen Vergnügungen.
Im Mannesalter, wenn er seine volle Kraft erreicht hat, hütet er sich vor Streitsucht.
Im Greisenalter, wenn die Kräfte schwinden, hütet er sich vor Geiz."

XVI,8. Konfuzius sprach: „Der Edle hat vor drei Dingen Ehrfurcht: vor dem Befehl des Himmels, vor den großen Männern und vor den Worten der Weisen.
Der Gemeine weiß nichts vom Befehl des Himmels und hat keine Ehrfurcht vor ihm; er ist respektlos gegenüber großen Männern; er spottet über die Worte der Weisen."

XVI,9. Konfuzius sprach: „Von Geburt an Wissen haben — das ist die höchste Stufe.
Durch Lernen Wissen erwerben — das ist die nächste Stufe.
Große Schwierigkeiten haben und trotzdem lernen — das ist die dann folgende Stufe.
Schwierigkeiten haben und nicht lernen — das sind Leute der untersten Stufe."

XVI,10. Konfuzius sprach: „Neun Dinge sind es, auf die der Edle sorgsam achtet:
Beim Sehen achtet er auf Klarheit, beim Hören auf Deutlichkeit, in seiner Miene auf Freundlichkeit,
im Benehmen achtet er auf Höflichkeit, im Reden auf Ehrlichkeit,
im Handeln auf Gewissenhaftigkeit. Wenn ihm Zweifel kommen, fragt er andere. Ist er im Zorn, bedenkt er die Folgen.
Angesichts eines persönlichen Vorteils fragt er sich, ob er auch ein Anrecht darauf hat."

XVI,11. Konfuzius sprach: „Menschen, die das Gute als etwas Unerreichbares betrachten, die das Böse meiden wie siedendes Wasser — solche Menschen habe ich kennengelernt, solche Worte sind mir vertraut.
Sich zurückhalten, um erst über die eigenen Ziele und Absichten nachzudenken,
sich korrekt und anständig verhalten, wenn man seine Meinung durchsetzen will —
ich habe davon reden hören, aber Menschen, die so handeln, habe ich nicht getroffen."

XVI,12. Jing-gong, Herrscher des Staates Qi, besaß tausend Viergespanne. Doch am Tage seines Todes hatte das Volk kein einziges gutes Wort über ihn zu sagen.
Bo-yi und Shu-qi[231] starben vor Hunger am Fuße des Shouyang-Berges, doch das Volk preist sie bis auf den heutigen Tag."

XVI,13. Chen Kang[232] fragte [den Sohn des Konfuzius] Bo Yu: „Hat dich der Meister in besonderer Weise belehrt und unterwiesen, anders, als er es gewöhnlich tut?"
„Nein. Einmal stand er ganz allein; ich ging ehrerbietungsvoll an ihm vorüber. Da fragte er mich: ‚Hast du dich ernsthaft und gründlich mit den Liedern beschäftigt?' Ich antwortete: ‚Noch nicht.' Darauf sagte er: ‚Wer die Lieder nicht kennt, kann nicht mitreden.' Daraufhin lernte ich sofort die Lieder.
An einem anderen Tag stand er wieder allein; wieder ging ich ehrerbietungsvoll an ihm vorüber. Da fragte er: ‚Hast du dich mit dem Ritual, den Regeln des richtigen Verhaltens und guten Benehmens, vertraut gemacht?'

Auf mein ‚Noch nicht' erwiderte er: „Wer diese Regeln nicht kennt, hat nichts, woran er sich halten kann.'
Ich habe mich dann sofort mit ihnen beschäftigt. Was ich von ihm als Belehrung vernahm, waren diese beiden Hinweise."
Chen Kang ging und sagte erfreut: „Nach einem habe ich gefragt, dreierlei habe ich erfahren:
etwas über die Lieder, etwas über das Ritual;
außerdem habe ich gehört, daß der Edle eine gewisse Distanz zu seinem eigenen Sohn wahrt."

XVI,14. Der Herrscher eines Staates nennt seine Frau „fu-ren — Gattin".
Sie selbst nennt sich „xiao tong — kleines Mädchen".
Im Staate heißt sie „jun fu-ren — Gattin des Herrschers".
Gegenüber Menschen aus anderen Staaten wird sie „gua xiao jun — unsere kleine Herrscherin" genannt.
In anderen Staaten aber wird von ihr auch als „Gattin des Herrschers" gesprochen.

Kapitel XVII

XVII,1. Yang Huo [Beamter im Dienste der Familie Ji] wünschte, daß ihm Konfuzius seine Aufwartung mache. Doch Konfuzius tat es nicht. Darauf sandte er ihm ein Ferkel als Geschenk. Er sollte auf solche Art zum Besuch genötigt werden.
Konfuzius wartete eine Zeit ab, da Yang Huo nicht zu Hause war. Dann ging er zu ihm hin. Doch unterwegs stießen sie aufeinander. Yang Huo sagte zu Konfuzius: „Komm, laß uns miteinander sprechen." Und weiter sagte er: „Wer sein Wissen und seine Fähigkeiten für sich behält und seinen Staat in Unordnung läßt — kann man von dem sagen, er habe eine hohe Moral und gute Gesinnung?"
Und er gab sich selbst die Antwort. „Nein, das kann man nicht."
„Wer gern Beamter werden möchte, aber oft die Gelegenheit dazu verpaßt — kann man von dem sagen, er sei weise?"
Und er gab sich wieder die Antwort selbst: „Nein, das kann man nicht.
Tage und Monate eilen vorüber, die Zeit wartet nicht auf uns."

Daraufhin schließlich sagte Konfuzius: „Gut, ich werde ein Amt übernehmen."[233]

XVII,2. Konfuzius sprach: „Von Natur aus sind die Menschen einander ähnlich.
Durch die Erziehung entfernen sie sich voneinander."

XVII,3. Konfuzius sprach: „Nur die wirklich Klugen und die wirklich Dummen ändern sich nicht."

XVII,4. Konfuzius kam nach Wu-cheng, dort hörte er Lautenspiel und Gesang.
Lächelnd sagte er: „Um ein Huhn zu töten, braucht man da ein so langes Messer wie beim Schlachten eines Ochsen?"
Zi-you [der Präfekt von Wu-cheng war] erwiderte: „Früher habe ich Euch sagen hören: ‚Wenn ein Mann von hohem Rang die rechte Bildung erwirbt, dann lernt er, die Menschen zu lieben. Erwirbt der gemeine Mann die rechte Bildung, dann ist er leicht zu regieren.'"
Der Meister wandte sich daraufhin an seine Schüler und sprach: „Zi-you hat recht. Was ich vorhin sagte, war nur Scherz."[234]

XVII,5. Gong-shan Fu-rao,[235] der die Stadt Bi besetzt hielt und eine Revolte angezettelt hatte, rief Konfuzius zu sich.
Der Meister war nicht abgeneigt, hinzugehen. Zi-lu mißfiel das. Er sagte zu Konfuzius: „Wenn man nirgendwo ein öffentliches Amt bekleiden kann, dann sollte man aufgeben, aber wieso denn gerade zu diesem Gong-shan gehen?"
Der Meister erwiderte: „Daß er gerade mich zu sich ruft, ist das etwa Zufall?
Wenn mich jemand in seine Dienste nimmt, werde ich hier im Osten das Reich der Zhou wieder aufleben lassen."[236]

XVII,6. Zi-zhang fragte Konfuzius, was es heiße, sittlich zu handeln.
Der Meister antwortete: „Überall fünf Grundsätze verwirklichen — das ist Sittlichkeit."
Zi-zhang wollte daraufhin wissen, was das für Grundsätze seien.
Konfuzius sagte: „Höflichkeit, Großmut, Aufrichtigkeit, Eifer und Güte.

Der Höfliche genießt mehr Achtung,
durch Großmut gewinnt man Sympathie.
Aufrichtigkeit schafft Vertrauen.
Eifer bringt Erfolg.
Wer Güte hat, kann anderer Menschen Herr und Leiter sein."

XVII,7. Bi Xi [ein rebellischer Beamter im Staate Jin] wollte Konfuzius in seine Dienste nehmen.
Der Meister war nicht abgeneigt, dem Ruf zu folgen.
Doch Zi-lu sprach: „Früher habe ich Euch reden hören, der Edle lasse sich nicht mit Menschen ein, die Unrechtes tun. Bi Xi hält in einer Rebellion das Gebiet von Zhong-mou besetzt. Wie könnt Ihr da jetzt die Absicht haben, seinem Ruf zu folgen?"
Konfuzius erwiderte: „Ja, ich habe diese Worte gesagt.
Aber heißt es nicht auch: ‚Wenn etwas wirklich hart ist, dann mag es noch so sehr geschmirgelt werden, es schleift sich nicht ab.
Wenn etwas wirklich weiß ist, dann kann man es noch so sehr schwärzen wollen, es gelingt nicht.
Bin ich denn ein Kürbis, den man aufhängen und ansehen kann, ohne ihn zu essen?"[237]

XVII,8. Konfuzius sprach: „Zi-lu, hast du von den sechs Tugenden gehört, die zu sechs Verirrungen werden?"
Zi-lu verneinte.
Daraufhin der Meister: „Setz dich! Ich erzähle es dir!
Gut sein wollen, aber keine Bildung haben — das führt zu Einfalt.
Weise sein wollen, aber keine Bildung haben — das bedeutet, ohne Orientierung und Ziel zu sein.
Aufrichtig sein wollen, aber keine Bildung haben — dadurch fügt man sich selbst Schaden zu.
Immer offen und freimütig sein wollen, aber keine Bildung haben — das führt zu Grobheit.
Den Mut lieben, aber keine Bildung haben — so werden Unordnung und Aufruhr verursacht.
Konsequent sein wollen, aber keine Bildung haben — das führt zu fanatischer Besessenheit."

XVII,9. Konfuzius sprach: „Meine Schüler, warum beschäftigt ihr euch nicht mit dem ‚Buch der Lieder'?
Die Lieder regen an, sie schärfen den Blick, stärken den Gemeinschaftssinn und sind hilfreich bei Kummer und Unzufriedenheit. Sie lehren das Nächstliegende, die Pflicht gegenüber dem Vater, ebenso wie das Fernerliegende, die Pflicht gegenüber dem Herrscher. Sie machen uns mit Vögeln und anderen Tieren, Kräutern und Bäumen bekannt."

XVII,10. Konfuzius wandte sich an [seinen Sohn] Bo-yu und sprach: „Hast du dich schon mit den Liedern des ‚Zhou-nan' und des ‚Shao-nan'[238] beschäftigt?
Wer sie nicht kennt — gleicht der nicht einem Menschen, welcher mit dem Gesicht unmittelbar vor einer großen Wand steht?"

XVII,11. Konfuzius sprach: „Was oft Anstand genannt wird — sind damit etwa nur Geschenke wie Edelsteine und Seide gemeint?
Was oft Musik genannt wird — sind damit etwa nur Instrumente wie Glocken und Trommeln gemeint?"

XVII,12. Konfuzius sprach: „Wer sich streng gibt, innerlich aber haltlos ist
— der verhält sich wie ein sehr gewöhnlicher Mensch.
Gleicht er nicht einem Dieb, der feige einbricht?"

XVII,13. Konfuzius sprach: „Heuchler verhalten sich zur Moral wie Diebe."

XVII,14. Konfuzius sprach: „Was man beiläufig gehört hat, überall weitererzählen — das ist keine gute Eigenschaft."

XVII,15. Konfuzius sprach: „Diese ehrgeizigen Streber — wie kann man mit ihnen zusammenarbeiten?
Solange sie noch kein Amt haben, ist ihre einzige Sorge, eins zu erhalten.
Ist ihnen das gelungen, ist ihre Sorge, es wieder zu verlieren.
In ihrer Sorge, das Amt wieder verlieren zu können, sind sie zu allem fähig."

XVII,16. Konfuzius sprach: „In alten Zeiten hatten die Menschen dreierlei Fehler an sich, die heute wohl nicht mehr in der gleichen Art vorkommen. Leidenschaftliche Menschen wollten früher unabhängig sein. Heute sind sie zügellos und liederlich.
Wer früher Selbstachtung empfand, war darauf bedacht, gewissenhaft und unbestechlich zu sein. Heute äußert sich Selbstachtung in kleinlicher Rechthaberei.
Früher waren die Dummen in ihrem Wesen immerhin geradlinig, heutzutage ist Dummheit gepaart mit Betrug."

XVII,17. Konfuzius sprach: „Glatte Worte und heuchlerische Miene — da ist es mit einem guten Charakter meist nicht weit her."[239]

XVII,18. Konfuzius sprach: „Daß das Purpur den Glanz des Zinnober verdrängt,[240]
daß die Klänge aus Zheng die Festlieder verwirren[241]
— das kann ich nicht ausstehen.
Ich hasse es, wenn die scharfen Mäuler Staat und Gesellschaft umstürzen."

XVII,19. Konfuzius sprach: „Ich möchte meine Zeit nicht mit Reden verbringen."
Daraufhin meinte Zi-gong: „Wenn der Meister nicht redet, was können wir dann noch anderen übermitteln?"
Konfuzius erwiderte: „Redet etwa der Himmel?
Die vier Jahreszeiten haben ihren Wechsel, die Dinge entstehen und wachsen.
Redet etwa der Himmel?"

XVII,20. Ru Bei[242] wünschte, Konfuzius zu sehen.
Unter dem Vorwand, krank zu sein, lehnte der Meister es ab, ihn zu empfangen. Während aber der Bote zur Tür hinausging, nahm er die Laute und sang, damit man es hören sollte.

XVII,21. [Der Schüler] Zai Wo sprach zu Konfuzius: Um die Eltern soll drei Jahre lang getrauert werden, doch ein Jahr ist eigentlich lange genug. Denn wenn der Edle sich drei Jahre lang ritueller Zeremonien und feierlicher Gebräuche enthält, dann geraten sie in Gefahr. Wenn er sich drei Jahre lang der

Musik enthält, dann ist sie unausweichlich dem Verfall preisgegeben.
Das alte Korn ist aufgebraucht, das neue Korn ist bereits aufgegangen, und die verschiedenen Holzarten sind, jede einmal, als Feuerholz verwendet worden.
— Ein Jahr ist wirklich genug."
Konfuzius erwiderte: „Gut essen und sich elegant kleiden, noch ehe die drei Jahre der Trauer vorüber sind
— könnte deine Seele dabei Ruhe finden?"
Zai Wo bejahte.
Dazu meinte der Meister: „Wenn du dabei Ruhe findest, dann handele entsprechend. Dem Edlen allerdings, wenn er in Trauer ist, bereiten erlesene Gerichte keinen Genuß, und wenn er Musik hört, erfreut sie ihn nicht; an behaglichem Wohnen findet er kein Gefallen. Darum tut er solche Dinge nicht.
Wenn aber deine Seele dabei Ruhe finden kann, dann handele entsprechend."
Nachdem Zai Wo gegangen war, sagte der Meister: „Zai Wo hat keine gute Gesinnung. Ein Kind wird drei Jahre alt, ehe es nicht mehr getragen werden muß. Und überall sind drei Jahre Trauer um die Eltern üblich.
Hat denn Zai Wo nicht jene drei Jahre lang die liebevolle Fürsorge seiner Eltern erfahren?"

XVII,22. Konfuzius sprach: „Sich den ganzen Tag satt essen, aber sonst um nichts kümmern —
das ist ein schwieriger Fall.
Gibt es denn nicht das Bo- und das Yi-Spiel?[243]
Sich damit zu beschäftigen ist immer noch besser, als gar nichts zu tun."

XVII,23. Zi-lu sagte zu Konfuzius: „Von allen Tugenden schätzt der Edle doch wohl den Mut am meisten?"
Der Meister antwortete: „Der Edle stellt die Pflicht über alles.
Wenn der Mann von Rang Mut hat, aber kein Pflichtgefühl besitzt, so wird er zum Rebellen.
Wenn der gewöhnliche Mensch Mut hat, aber kein Pflichtgefühl besitzt, so wird er zum Räuber."

XVII,24. Zi-gong fragte Konfuzius: „Kennt der Edle auch Haß?"

Der Meister antwortete: „Er kennt ihn.
Er haßt alle, die die Fehler anderer breittreten; er haßt alle, die sich unten befinden und jene verleumden, die höher stehen; er haßt die Mutigen, sofern sie keinen Anstand kennen, er haßt die, die ihren Standpunkt unbedingt durchsetzen wollen und sich dabei jeder Einsicht verschließen."
Und dann wandte sich Konfuzius an Zi-gong: „Und wie steht es mit dir?"
Daraufhin sagte Zi-gong: „Ich hasse alle, die die Weisheit anderer als ihre eigene ausgeben, ich hasse alle, die anmaßend sind und sich deshalb für mutig ausgeben, ich hasse alle, die Intimitäten ausplaudern und dabei noch meinen, sie seien besonders ehrlich und korrekt."

XVII,25. Konfuzius sprach: „Mit Frauen sowie mit Untergebenen umzugehen ist schwierig.
Ist man vertraut mit ihnen, so werden sie anmaßend.
Hält man auf Distanz, dann sind sie unzufrieden."

XVII,26. Konfuzius sprach: „Wer mit vierzig Jahren noch bei den Menschen unbeliebt ist, wird es bis zu seinem Ende bleiben."

Kapitel XVIII

XVIII,1. [Als König Zhou, letzter König der Shang-Dynastie, regierte] zog sich der Freiherr von Wei vom Hofe zurück. Der Freiherr von Ji wurde zum Sklaven gemacht, und Bi-gan mußte wegen seiner Kritik am König sterben.
Konfuzius sprach: „Das waren die drei guten Männer, die die Shang-Dynastie an ihrem Ende aufzuweisen hatte."[244]

XVIII,2. Hui von Liu-xia[245] war Richter. Nachdem er dreimal aus seinem Amt entlassen worden war, fragte ihn jemand: „Ist es nicht Zeit, in ein anderes Land zu gehen?"
Doch Hui antwortete: „Wohin sollte ich gehen, ohne wiederum mehrmals entlassen zu werden, wenn ich stets korrekt auf dem geraden Weg bleibe?
Wollte ich hingegen unkorrekt handeln und krumme Wege gehen, wozu sollte ich das Land meiner Väter verlassen?"

XVIII,3. Jing-gong, der Herrscher von Qi, überlegte, wie er Konfuzius behandeln sollte:
„Ihn in der gleichen Art behandeln wie das Haupt der Familie Ji — das geht nicht. Ich werde ihn so behandeln, als ob er zwischen dem Haupt der Familie Ji und dem der Familie Meng stünde."
Später sagte er: „Ich bin alt und habe keine Verwendung für ihn."
Der Meister verließ daraufhin den Staat Qi.[246]

XVIII,4. Die Leute von Qi hatten dem Herrscher von Lu singende und tanzende Mädchen zum Geschenk gemacht. [Der Minister] Ji Huan nahm sie in Empfang. Drei Tage lang wurden die Staatsgeschäfte vernachlässigt. Konfuzius ging daraufhin fort.

XVIII,5. Der Narr Jie-yu aus dem Staate Chu ging singend an Konfuzius vorbei.
Er sang: „O Phönix, o Phönix! Wie ist doch die Moral heruntergekommen!
Es ist nutzlos, ändern zu wollen, was bereits vorbei ist. Doch die Zukunft kann man noch gestalten.
Laß ab von sinnlosem Streben! Heutzutage ist es gefährlich, sich mit Politik zu befassen."
Der Meister stieg herab, denn er wollte mit ihm reden. Der aber eilte fort, so daß Konfuzius nicht mit ihm sprechen konnte.[247]

XVIII,6. Chang Ju und Jie Ni[248] waren beim Pflügen. Als Konfuzius bei ihnen vorüberkam, sandte er Zi-lu, um nach einer Furt zu fragen. Chang Ju sprach: „Wer ist das, der dort im Wagen die Zügel hält?"
Zi-lu erwiderte: „Es ist Kong Qiu."
Jener fragte: „Ist es der Kong Qiu aus Lu?"
Er antwortete: „Ja, er ist es."
„Dann wird er auch die Furt kennen", war die Reaktion.
Zi-lu fragte dann den Jie Ni.
„Wer bist du?" war die Gegenfrage.
„Ich bin Zi-lu."
Jie Ni fragte darauf: „Bist du nicht ein Schüler des Kong Qiu?"

„Ja, so ist es", war die Antwort.
Jener sagte dann: „Unordnung hat — einer Sintflut gleich — die Welt erfaßt.
Wer soll das ändern?
Du folgst einem Manne, der sich von schlechten Menschen zurückzieht.
Wäre es nicht besser, einem zu folgen, der der Welt überhaupt entflieht?"
Darauf setzte er seine Arbeit fort, ohne nochmals innezuhalten.
Zi-lu ging, Konfuzius von seiner Unterhaltung zu berichten.
Der Meister sprach seufzend: „Zu Vögeln und anderen Tieren kann ich mich nicht gesellen. Mit wem sollte ich zusammen sein, wenn nicht mit diesen Menschen?
Wäre die Welt in Ordnung, dann brauchte ich mich nicht damit abzugeben, sie zu ändern."[249]

XVIII,7. Zi-lu war zurückgeblieben und folgte Konfuzius auf dessen Wege. Er traf einen alten Mann, der eine Hacke bei sich trug. Zi-lu fragte ihn: „Hast du nicht den Meister gesehen?"
Der Alte erwiderte: „Deine Arme und Beine weißt du nicht zu bewegen, und die fünf Getreidearten kannst du nicht auseinanderhalten. Was hast du denn für einen Meister?" Darauf begann er zu jäten.
Zi-lu blieb daneben stehen, ehrerbietig die Hände zum Gruß zusammengelegt. Schließlich behielt er Zi-lu zur Nacht bei sich. Er schlachtete ein Huhn, bereitete Hirse und bewirtete ihn gut. Auch stellte er ihm seine beiden Söhne vor.
Am nächsten Tag holte Zi-lu den Meister ein und berichtete ihm von seinem Erlebnis.
Konfuzius sprach: „Das ist ein Weiser, der im verborgenen lebt."
Er schickte Zi-lu, damit er ihn nochmals treffen sollte. Aber als dieser hinkam, war der Alte bereits weggegangen. So sprach Zi-lu in Gedanken zu ihm:
„Kein Amt annehmen zu wollen — das widerspricht der Pflicht. Du weißt, daß die Beziehungen zwischen alt und jung ihre Ordnung haben müssen. Wie kannst du dann das richtige Verhältnis zwischen Herrscher und Untertan mißachten?
Wer glaubt, auf diese Weise selbst sauber zu bleiben, bringt

in Wirklichkeit die Beziehungen der Menschen untereinander in Unordnung. Indem der Edle ein Amt übernimmt, tut er, was er soll. Daß er allein die Welt nicht in Ordnung bringen kann, weiß er schon."

XVIII,8. Bo-yi, Shu-qi, Yu-zhong, Yi-yi, Zhu-zhang, Hui von Liu-xia und Shao-lian
— sie alle haben sich von der Welt zurückgezogen.
Konfuzius sprach: „Bo-yi und Shu-qi — ihr Wille blieb ungebrochen, und sie bewahrten sich ihre Würde.
Von Hui von Liu-xia und Shao-lian heißt es, ihr Wille wäre gebrochen worden, und sie hätten ihre Würde aufgegeben; aber dennoch entsprachen ihre Worte den Grundsätzen von Ordnung und Moral; ihr Handeln entsprach dem, was sie wollten.
Von Yu-zhong und Yi-yi heißt es, sie lebten zurückgezogen und sagten, was sie dachten. Sie strebten nach Sauberkeit. Um Einfluß und Ansehen ging es ihnen nicht.
Ich bin anders als sie alle — ich bin nicht von vornherein festgelegt."[250]

XVIII,9. Zhi [der Chef der Hofmusik][251] verließ Lu und ging in den Staat Qi.
Gan, verantwortlich für die Tafelmusik beim zweiten Mahl, ging nach Chu.
Liao, verantwortlich für die Tafelmusik beim dritten Mahl, ging nach Cai.
Que — ihm oblag die Tafelmusik für das vierte Mahl — wanderte ab in den Staat Qin.[252]
Der Pauker Fang-shu ging an den Gelben Fluß, der Handtrommler Wu ging an den Han-Fluß.
Yang, zweiter Chef der Hofmusik, und der Klangsteinspieler Xiang — sie gingen ans Meer.

XVIII,10. Zhou-gong [der Herzog von Zhou] sprach zu [seinem Sohn] dem Herzog von Lu[253]:
„Der Edle vernachlässigt seine Verwandten nicht.
Er verärgert seine Beamten nicht dadurch, daß er ihre Fähigkeiten und ihren Rat mißachtet. Alte Freunde gibt er nicht ohne zwingenden Grund auf. Er verlangt nicht, daß der einzelne vollkommen ist."

XVIII,11. Bo-da, Bo-gua, Zhong-tu, Zhong-hu, Shu-ye, Shu-xia, Ji-sui und Ji-gua
— acht Männer mit Bildung, die zur Zeit der Zhou-Dynastie lebten.[254]

Kapitel XIX

XIX,1. Zi-zhang sprach: „Der Gebildete muß bei Gefahr bereit sein, sein Leben zu geben;
bei einem persönlichen Vorteil muß er fragen, ob er ihn auch verdient.
Beim Opfern muß sein Sinn voll Ehrfurcht, bei Trauer voll Traurigkeit sein.
So verhält er sich richtig."

XIX,2. Zi-zhang sprach: „Wessen Moral nicht gefestigt und wessen Überzeugung nicht echt ist
— wie kann man von einem solchen Menschen sagen, ob er sie hat oder ob er sie nicht hat."

XIX,3. Schüler des Zi-xia fragten den Zi-zhang, nach welchen Grundsätzen man Umgang mit anderen Menschen pflegen soll.[255]
„Was sagt denn Zi-xia dazu?" lautete die Gegenfrage.
Die Antwort war: „Zi-xia sagt: ‚Sucht die Nähe solcher Menschen, mit denen ihr auskommen könnt, andere meidet.'"
Zi-zhang erwiderte: „Ich habe es anders gelernt.
Der Edle ehrt die, die weise und tugendhaft sind, und ist tolerant gegenüber allen.
Er preist die, die gut und tüchtig sind, und hat Mitleid mit den Unfähigen.
Angenommen, ich wäre ein Mann von hoher Moral und großer Weisheit — wen könnte ich dann nicht ertragen?
Wäre ich hingegen ein Unwürdiger, dann hielten sich die anderen von mir fern. Wie könnte ich dann noch die Menschen meiden?"

XIX,4. Zi-xia sprach: „Auch Nebensächliches kann seinen Wert haben. Verliert man sich aber darin, erreicht man sein Ziel nicht. Deshalb hütet sich der Edle davor."

XIX,5. Zi-xia sprach: „Wem täglich bewußt ist, was er noch alles lernen muß, und wer darüber hinaus monatlich sich prüft, um nicht zu vergessen, was er bereits kann, von dem kann man sagen, daß er das Lernen liebt."

XIX,6. Zi-xia sprach: „Vieles lernen, dabei aber zielstrebig sein; den Dingen auf den Grund blicken und sich ernsthaft um Antwort auf alle Fragen bemühen, dabei aber vor allem an das Naheliegende denken[256]
— auch darin liegt menschliche Tugend."

XIX,7. Zi-xia sprach: „Handwerker brauchen die Werkstatt, um ihre Arbeit zu vollbringen.
Der Edle lernt, um den rechten Weg zu gehen."

XIX,8. Zi-xia sprach: „Der Gemeine wird immer wieder versuchen, seine Fehler zu beschönigen."

XIX,9. Zi-xia sprach: „Der Edle wirkt nicht immer gleich: Aus der Ferne erscheint er streng, im Umgang ist er freundlich, in seinen Worten wirkt er fest und entschlossen."

XIX,10. Zi-xia sprach: „Der Edle erwirbt sich zunächst das Vertrauen des Volkes;
erst dann verlangt er von ihm die Erfüllung von Aufgaben. Wenn das Volk kein Vertrauen hat, wird es das Gefühl haben, unterdrückt zu werden.
Der Edle muß erst Vertrauen haben, dann kann er auch tadeln.
Andernfalls wird der Tadel als beleidigend empfunden."

XIX,11. Zi-xia sprach: „In den großen Fragen des Lebens muß sich der Mensch an die Grenzen halten, die ihm gesetzt sind. In kleinen Dingen kann er etwas großzügiger sein."

XIX,12. Zi-you sprach: „Die Schüler des Zi-xia sind wie kleine Kinder. Den Fußboden einsprengen und kehren, antworten, wenn sie gefragt oder gerufen werden, vor- und zurücktreten — das können sie gerade noch. Doch das ist zweitrangig. Die Grundlagen des Wissens — sie fehlen. Wie kann das angehen?"

Zi-xia hörte davon und sagte: „Ach, Zi-you hat unrecht.
Was muß denn vom Edlen und seinem Verhalten zuerst gelehrt werden und was danach?
Es ist wie bei den Gräsern und Bäumen; man teilt ein und sortiert.
Wie könnte man überhaupt bei der Formung der Eigenschaften des Edlen eine Reihenfolge haben?
Denn: ein Rezept dafür, womit zu lehren begonnen und womit aufgehört wird — das hat wohl nur der vollkommene Weise!"

XIX,13. Zi-xia sprach: „Ein Beamter sollte die Zeit, die ihm frei bleibt, zum Lernen verwenden. Ein Lernender sollte die Zeit, die ihm frei bleibt, für ein Amt verwenden."

XIX,14. Zi-you sprach: „Bei Trauer bringe man sein ganzes Leid zum Ausdruck, aber man übertreibe nicht."

XIX,15. Zi-you sprach: „Mein Freund Zi-zhang bringt Schwieriges zustande; aber ein guter Mensch ist er noch nicht."[257]

XIX,16. Zeng-zi[49] sprach: „Zi-zhangs Auftreten ist eindrucksvoll, aber mit ihm zusammen wird man schwerlich Gutes vollbringen können."

XIX,17. Zeng-zi sprach: „Ich habe den Meister sagen hören: ‚Wer noch nie seine Gefühle zeigte — wenn er um seine Eltern trauert, wird er es tun!'"

XIX,18. Zeng-zi sprach: „Ich habe den Meister sagen hören: ‚Was Ehrfurcht und Gehorsam gegenüber den Eltern betrifft, so können es andere mit Meng Zhuang-zi[258] durchaus aufnehmen.
Daß er aber die Diener seines Vaters übernommen und dessen Politik nicht geändert hat
— darin ist er schwerlich zu erreichen.'"

XIX,19. Das Haupt der Meng-Sippe ernannte Yang Fu zum Richter. Dieser bat Zeng-zi um Rat.
Zeng-zi sprach: „Die Herrschenden haben schon lange den rechten Weg verlassen, und das Volk ist in Unordnung.

Zeige darum keine Befriedigung, wenn du jemand einer kriminellen Handlung überführst, sondern sei voll Bedauern und Mitleid."

XIX,20. Zi-gong sprach: „[König] Zhou[259] war schlecht, aber nicht so schlecht wie sein Ruf.
Der Edle haßt es darum, gemein zu sein, denn dann fällt alles Übel der Welt auf ihn."

XIX,21. Zi-xia sprach: „Die Verfehlungen des Edlen wirken auf die Menschen wie eine Sonnen- oder Mondfinsternis. Fehlt er, dann bleibt es von niemandem unbemerkt.
Korrigiert er seine Fehler, dann blicken alle zu ihm auf."

XIX,22. Gong-sun Chao aus dem Staate Wei fragte Zi-gong: „Woher hat Zhong-ni [Konfuzius] sein Wissen?"
Zi-gong antwortete: „Der Weg, den [die Könige] Wen und Wu[260] gegangen sind, ist noch nicht vergessen; er ist noch unter den Menschen lebendig.
Die Weisen kennen noch das Wesentliche davon, und die weniger Weisen kennen noch dieses oder jenes Nebensächliche davon.
Der Weg von Wen und Wu ist überall. Wie hätte ihn der Meister also nicht finden sollen, und wieso sollte er dazu einen besonderen Lehrer brauchen?"

XIX,23. Shu-sun Wu-shu[261] sprach zu den Würdenträgern bei Hofe: „Zi-gong übertrifft seinen Lehrer Zhong-ni [Konfuzius]."
Zi-fu Jing-bo[262] berichtete es dem Zi-gong.
Dieser sagte daraufhin: „Nehmen wir zum Vergleich die Mauer, die ein Haus umgibt. In meinem Falle reicht sie nur bis zur Schulterhöhe. Man kann leicht darüber hinwegblicken und alles sehen, was das Haus an Schönem zu bieten hat.
Was den Meister betrifft, so ist die Mauer mehrere Klafter hoch. Wer den Zugang nicht findet, der kann die Schönheit des Ahnentempels und die ganze Pracht des Hauses nicht sehen.
Es sind wohl nur wenige, die den Eingang finden.
Ist es darum nicht verständlich, daß dieser Herr so redet?"

XIX,24. Shu-sun Wu-shu sprach verächtlich von Konfuzius. Dazu meinte Zi-gong: „Das ist vergebens. Zhong-ni kann nicht verächtlich gemacht werden. Andere Weise sind wie Berge oder Hügel, die man besteigen kann. Doch Zhong-ni ist mit der Sonne oder dem Mond vergleichbar. Niemand kann zu Sonne oder Mond emporsteigen. Und wenn sich einer von Sonne oder Mond abwenden will, was macht das ihnen? Man sieht daraus nur, daß er sich selbst nicht richtig einzuschätzen weiß."

XIX,25. Chen Zi-qin[263] meinte zu Zi-gong: „Du bist bescheiden und verehrst Zhong-ni sehr. Übertraf er dich etwa an Weisheit und Tugend?"
Zi-gong erwiderte: „Oft genügt ein Wort, um als weise oder töricht zu erscheinen. Darum sollte man mit Bedacht reden.
Der Meister ist genauso unerreichbar, wie es unmöglich ist, auf einer Leiter zum Himmel emporzusteigen.
Hätte er einen Staat zu regieren bekommen, dann könnte man von ihm sagen:
Was er anordnete, wurde getan;
er wies den Weg, und die Menschen gingen ihn;
er ließ sie zufrieden sein, und von überall kamen sie herbei;
er setzte die Menschen in Bewegung, und sie handelten in Harmonie und Eintracht.
Sein Leben war ruhmvoll, sein Tod bedeutete Trauer.
Wie könnte man ihn je erreichen?"

Kapitel XX

XX,1. [Kaiser] Yao sprach, als er dem Shun das Reich übergab:
„Oh, du Shun.[118]
Der Himmel bestimmt dich zum Herrscher.
Folge aufrichtig seinem Befehl.
Herrschen Not und Elend in der Welt, hast du die Gunst des Himmels für immer verloren."
Und Shun sprach die gleichen Worte, als er die Herrschaft an Yu abtrat.
Tang [der erste Herrscher der Yin-Dynastie[68]] sprach:
„Ich, Li[264] wage es, beim Opfer eines schwarzen Stieres dem obersten Herrscher kundzutun:

‚Wer Schuld auf sich geladen hat, den werde ich nicht zu begnadigen wagen.
Ich werde weder das Gute an deinen Dienern verdecken noch ihre Fehler beschönigen, die Prüfung liegt bei dir.
Habe ich mich gegen dich vergangen, dann treffe dein Zorn nicht das Volk der zehntausend Gegenden.
Hat das Volk der zehntausend Gegenden Schuld auf sich geladen, dann vergelte es mir.'"[265]
Das Herrscherhaus der Zhou gab reichlich Lohn und ließ die Guten und Tüchtigen zu Reichtum und Würden gelangen.[266]
König Wu [der Begründer der Zhou-Dynastie] sprach:
„Wenn man auch nahe Verwandte um sich hat, wichtiger ist es, von guten Menschen umgeben zu sein.
Für alle Fehler des Volkes will ich allein die Verantwortung tragen."
Er berichtigte die Maße und Gewichte, brachte die Verwaltung wieder in Ordnung, und überall wurden die Befehle und Anordnungen ausgeführt.
Untergegangene Staaten blühten wieder auf. In den Lehnsstaaten setzte sich die Erbfolge, die unterbrochen war, fort.
Jene, die sich zurückgezogen hatten, wurden wieder in Ämter berufen.
Und alles Volk unter dem Himmel war ihm von Herzen zugetan.[267]
Besonders wichtig nahm er das Volk, seinen Lebensunterhalt, die Trauerfeierlichkeiten sowie die Opferzeremonien.
Er war großzügig und nachsichtig; so gewann er das Volk.
Er war ehrlich und zuverlässig; das Volk vertraute ihm.
Er war fleißig, deshalb brachte er viel zuwege.
Er war gerecht, und das Volk war zufrieden.

XX,2. Zi-zhang fragte Konfuzius: „Wie muß man sich verhalten, um gute Politik zu machen?"
Konfuzius antwortete: „Auf fünf Tugenden achten, vier Übel hingegen ausmerzen!
Dann ist man imstande, gut zu regieren."
Zi-zhang fragte weiter: „Wie heißen diese fünf Tugenden?"
„Regieren zum Wohl des Volkes, aber nichts verschwenden.
Vom Volk etwas fordern, aber nicht es zum Murren bringen.
Wünsche haben, aber nicht das Maß überschreiten.

Amt und Würden haben, aber nicht in Hochmut verfallen. Respekt fordern, aber nicht zum Despoten werden."

Zi-zhang fragte erneut: „Was heißt das, ‚Regieren zum Wohl des Volkes, aber nichts verschwenden'?"

Konfuzius antwortete: „Befördern, was dem Volke Nutzen bringt

— regiert nicht der zum Wohl des Volkes, bei dem nichts verschwendet wird?

Wer vom Volk fordert, was es leisten kann

— warum sollte gegen den jemand murren?

Wer das Gute will und auch erreicht

— wie könnte der maßlos in seinen Wünschen sein?

Wer niemanden unhöflich und geringschätzig behandelt, ob es sich nun um viele oder wenige, um große oder kleine Leute handelt

— hat der nicht Amt und Würden, aber keinen Hochmut?

Wer korrekt und würdevoll auftritt, so daß das Volk ehrfürchtig zu ihm aufblickt

— genießt der nicht Respekt, und ist doch nicht despotisch?"

Danach wollte Zi-zhang wissen: „Was sind nun aber die vier Übel?"

„Nicht belehren, aber töten

— das ist grausam.

Von den Menschen etwas fordern, aber sie nicht vorbereitet haben

— das bringt sie in Bedrängnis.

Nachlässig sein im Befehlen, aber prompte Ausführung fordern

— das verletzt die Menschen.

Anderen Lohn zu schulden, aber dabei zu knausern

— das ist kleinlich."

XX,3. Konfuzius sprach: „Wer den Willen des Himmels nicht kennt, kann kein Edler sein.

Wer die Regeln sittlichen Verhaltens nicht kennt, hat im Leben keinen festen Stand.

Wer nicht Worte richtig zu verstehen weiß, kann die Menschen nicht erkennen."[268]

Anmerkungen

(Grundlage der Übersetzung ist der „Lun-yu"-Text aus „Zhu-zi ji-cheng", Bd. 1, Shanghai 1935. Bereits vorliegende Übersetzungen wurden zum Vergleich herangezogen, vor allem: Kung-futse. Gespräche [Lun-yü], deutsch von R. Wilhelm, Tsingtau 1914; Gedanken und Gespräche des Konfuzius [Lun-Yü], übersetzt von H. O. H. Stange, München 1953; Confucian Analects, englisch von J. Legge, in: The Chinese Classics, Bd. 1, Oxford 1893; The Analects of Confucius, englisch von A. Waley, London 1964; Lun-ju, russisch von W. A. Kriwzow, in: Altchinesische Philosophie, Bd. 1, Moskau 1971; Lun-yu yi-zhu, Übersetzung in die moderne chinesische Sprache von Yang Bo-jun, Shanghai 1963. Hinsichtlich der inneren Gliederung und Struktur der Kapitel folgen wir Yang Bo-jun.)

1 Siehe R. Felber, Traditionelle und zeitgenössische Interpretationen der „Schicklichkeit" in China; in: Asien, Afrika, Lateinamerika 1978, Heft 1, S. 57.

2 Vgl. P. A. Tschepe, Konfuzius, I. Teil. Sein Leben. Yentschoufu 1910, S. 23.

3 „Dao-de-jing": „Buch vom Weg und der Tugend", das klassische Buch des Daoismus. In der Tradition wurde es dem Lao-zi (Laotse) zugeschrieben, wobei unklar ist, ob es diesen Mann gegeben hat. — Siehe die Übersetzung des „Dao-de-jing" von Ernst Schwarz: Laudse. Daudedsching. Leipzig 1970. Rezensiert in: Deutsche Zeitschrift für Philosophie, Berlin 1972, Heft 9, S. 1181 ff.

4 Die Konfuzius-Biographie des Si-ma Qian ist im Kapitel 47 seines „Shi-ji" („Historische Aufzeichnungen") enthalten. Siehe R. Wilhelm, K'ungtse und der Konfuzianismus, Berlin-Leipzig 1928.)

5 O. Franke schreibt: „Die Zahl 72 besteht aus der 6fachen Monatszahl des Jahres, 5mal 72 ergibt die Zahl der Tage eines (chinesischen) Jahres, jedes der Elemente bekommt 72 Tage, 72 Herrscher des Altertums verrichteten die Himmelsopfer auf dem T'ai schan u. a. m." (O. Franke, Der geschichtliche Konfuzius; in: O. Franke, Aus Kultur und Geschichte Chinas. Vorträge und Abhandlungen aus den Jahren 1902—1942. Peking 1945. S. 259.)

6 Dieses Buch ist nach dem Konfuzianer Meng-zi (latinisiert: Mencius) genannt, der im 4. Jahrhundert v. u. Z. lebte.

7 Vgl. dazu K. Marx, Zur Kritik der politischen Ökonomie. Vorwort; in: Marx/Engels, Werke, Bd. 13, Berlin 1964, S. 9; sowie K. Marx, Grundrisse der Kritik der politischen Ökonomie, Berlin 1953, S. 395.

8 R. Felber, Die Entwicklung der Austauschverhältnisse im alten China (Ende 8. Jahrhundert bis Anfang 5. Jahrhundert v. u. Z.), Berlin 1973, S. 46.

9 F. Engels, Herrn Eugen Dührings Umwälzung der Wissenschaft; in: Marx/Engels, Werke, Bd. 20, Berlin 1962, S. 149.

10 R. Felber, a. a. O., S. 27 ff.

11 Ebenda, S. 121.

12 Eine relativ ausführliche und abgerundete Darstellung der religiösen Vorstellungen und Kulte im alten China gibt L. S. Wasiljew in seinem Buch „Kulte, Religionen, Traditionen in China" (Moskau 1970, russisch).

13 Creel weist darauf hin, daß in jener Zeit viele Adlige auf das Niveau des einfachen Volkes herabsanken und so in eine Art sozialen „Bodensatz" der Gesellschaft eingingen. Diese spielten eine wichtige Rolle, sie hatten eine gewisse Bildung, waren z. T. Sekretäre an den Höfen gewesen, und sie waren keine duldsamen Bauern, die sich an Leiden gewöhnt hatten. Konfuzius war der bedeutendste Repräsentant dieser Kräfte. (Siehe H. G. Creel, Confucius and the Chinese Way, New York 1960, S. 23.)

14 Einige Schüler des Konfuzius spielten noch zu dessen Lebzeiten eine wichtige Rolle. Von den zweiundzwanzig in den „Gesprächen" erwähnten Schülern war einer „belehnt" worden, mindestens neun weitere waren wichtige Beamte, einer hatte ein Amt, das ihm angetragen worden war, abgelehnt.

15 Unter Berufung auf eine Stelle aus dem Buch „Meng-zi" hat man behauptet, daß Konfuzius das „Chun-qiu" (eine Chronik seines Heimatstaates Lu) geschrieben habe. Aber wahrscheinlich gehört das zu den Legenden um die Person des Konfuzius. So wird z. B. bei Meng-zi davon gesprochen, daß durch das angeblich von Konfuzius verfaßte „Chun-qiu" die rebellischen Minister und die aufrührerischen Söhne vor Angst ganz betroffen gewesen wären. Doch zumindest das heutige „Chun-qiu" enthält nichts, wovor sie hätten zittern müssen. — Das „Lun-yu" enthält keinen Hinweis, daß Konfuzius selbst etwas Schriftliches hinterlassen hätte. Möglicherweise hat er aber klassische Schriften, so z. B. das „Shi-jing" („Buch der Lieder"), redigiert.

16 Ein Wort zur Aussprache von „Lun-yu": Wir folgen durchgängig der in der VR China entwickelten Transkription der chinesischen Zeichen. Sie sieht vor, den Lautwert der entsprechenden Zeichen als „Lun-yu" zu fixieren, was aber „Lun-yü" zu sprechen ist.

17 T. Grimm, Meister Kung. Zur Geschichte der Wirkungen des

Konfuzius (herausgegeben von der Rheinisch-Westfälischen Akademie der Wissenschaften). Opladen 1976, S. 13.

18 Ebenda, S. 13 ff.

19 Kang You-wei war Führer und Hauptideologe der Reformbewegung am Ende des 19. Jahrhunderts in China. Diese Bewegung war auf die Abschaffung des Beamtenprüfungssystems, die Förderung von Industrie und Handel, die Redefreiheit und andere Reformen gerichtet. Sie wurde jedoch 1898 durch die konservativen Kreise des Hofes niedergeschlagen. In den späteren Jahren, mit der Entwicklung der chinesischen Revolution, verstärkten sich immer mehr reaktionäre Tendenzen bei Kang Youwei.

20 Zhang Tai-yan (Zhang Bing-lin) war ein liberaler chinesischer Gelehrter, der aber gegen eine tiefgreifende Umgestaltung der chinesischen Gesellschaft auftrat.

21 Siehe auch H. O. H. Stange, Gedanken und Gespräche des Konfuzius, München 1953, S. 16 ff.

22 Siehe dazu R. Moritz, Zur Spezifik des altchinesischen Denkens, Deutsche Zeitschrift für Philosophie, Berlin 1969, Heft 12, S. 1451 ff.

23 L. S. Wasiljew, Kulte, Religionen, Traditionen in China, Moskau 1970, S. 107, russisch.

24 S. Behrsing, Konfuzius; in: Die Großen der Weltgeschichte. Enzyklopädie, Bd. 1, München 1971. S. 392.

25 Siehe dazu auch R. Moritz, Hui Shi und die Entwicklung des philosophischen Denkens im alten China, Berlin 1973, Kapitel 2, vor allem S. 60 ff.

26 Ebenda, S. 50.

27 R. Wilhelm, Kungfutse. Gespräche (Lunyü), Tsingtau 1914, S. 52.

28 Konfuzius hat vorhandenes Gedankengut aufgenommen, darunter auch Bräuche und Anschauungen, die im einfachen Volk lebten, etwa den Ahnenkult oder die patriarchalischen Beziehungen innerhalb der Familie. Ohne dieses Zurückgreifen auf Volksbräuche hätte der Konfuzianismus später niemals im Volk Fuß fassen können und wäre deshalb als Herrschaftsideologie weniger geeignet gewesen.

29 R. P. Kramers, Die Eigenart der chinesischen Gedankenwelt; in: Sinologica 1967, Heft 9.

30 Gerade der Begriff „ren“ ist ohne klassenmäßige Analyse nicht adäquat erfaßbar. Wird der soziale Boden der konfuzianischen Lehre unberücksichtigt gelassen, dann wird „ren“ zum Ideal einer abstrakt-humanistischen Gleichheit. Das aber widerspricht dem Geist des Konfuzius völlig.

31 Vgl. P. A. Boodberg, The Semasiology of Some Primary Con-

fucarn Concepts; in: Philosophy East and West, 1953, Heft 4, S. 330 ff.

32 Wenn man unter den konfuzianischen Einzeltugenden nach Polaritäten sucht, stößt man auf das Verhältnis von „nei“ (innen) und „wai“ (außen), von innerem moralischem Antlitz des Menschen und äußerer sozialer Ordnung. Aber — und das ist das grundlegende Merkmal des traditionellen dialektischen Denkens in China — diese wie andere Polaritäten sind weniger Gegensätze als vielmehr Komplemente. Sie fallen im „dao“ zusammen.

33 „jun-zi“ war die Verkörperung des (konfuzianischen) dao.

34 L. S. Wasiljew, Konfuzianismus in China; in: Fragen der Geschichte, Moskau, 1968, Heft 10, S. 61, russisch.

35 Der chinesische Kaiser war Monarch und „Papst“ in einem. Deshalb wird in bezug auf China auch von einer Cäsaropapie gesprochen.

36 O. Franke, a. a. O., S. 269.

37 F. X. Biallas, Konfuzius und sein Kult, Peking/Leipzig, 1928, S. 69.

38 Ebenda, S. 70.

39 O. Franke, Das konfuzianische System und sein Ende, a. a. O., S. 339.

40 O. Franke, Der geschichtliche Konfuzius, a. a. O., S. 269.

41 Es handelte sich dabei um den Versuch, politisches System und Ideologie zu trennen und auf diese Weise die Ideologie über den Zerfall des konfuzianischen politischen Systems hinaus zu retten. — Konfuzius wurde jetzt, was die Verehrung betraf, Himmel und Erde gleichgestellt. Dies orientierte sich an der christlichen Vorstellung von „Gottes Sohn“.

42 K. Marx, New York Daily Tribune, 14. 6. 1853.

43 Vgl. Confucius Sinarum Philosophus, sive Scientia Sinensis latine exposita, studio et opera Prosperi Intorcetta, Christiani Herdtrich, Francisci Rougemont, Philippi Couplet, Patrum Societatis Jesu, Paris 1687.

44 Mit „üben“ geben wir das chinesische Zeichen „xi“ wieder. Gemeint ist „üben in Anwendung des Gelernten“. Das schließt „wiederholen“ und „nachahmen“ ein. Es meint die Einheit der geistigen und praktischen Ebene.

45 You-zi = Meister You. Ein Schüler des Konfuzius, der dann selbst „Meister“ genannt wurde. Sein Name war You Ruo.

46 Hiermit sind die beiden konfuzianischen Grundwerte „xiao“ und „ti“ gemeint.
„Xiao“ verstehen wir als Ehrfurcht, Achtung und Gehorsam gegenüber den Eltern sowie als Dienst an den Eltern. Dies alles endet nicht mit der Volljährigkeit der Kinder, es endet nicht einmal mit dem Tode der Eltern. Es geht in die Verehrung der

Eltern nach dem Tode und damit in die Ahnenverehrung über. Auch nach dem Tode des Vaters hatte man in seinem Sinne zu handeln. Wird eine solche Einstellung praktisch wirksam, muß sie in bezug auf vorhandene Zustände in Staat, Gesellschaft und Familie konservierend wirken. Das war nach der Umfunktionierung des Konfuzianismus zur herrschenden Ideologie der chinesischen Feudalgesellschaft auch tatsächlich der Fall. Dabei ist zu berücksichtigen, daß in der traditionellen chinesischen Ideologie nicht die Veränderung, sondern die als zeitlos gedachte Harmonie den eigentlichen positiven Wert darstellte.

„ti“ ist zunächst die Achtung gegenüber dem älteren Bruder. Konfuzius dehnt aber, wie noch bewiesen wird, diese Norm des Verhaltens über die Familie hinaus auf die gesamte menschliche Gesellschaft aus. „ren“ = „richtiges Verhalten zu anderen Menschen“ schließt bei Konfuzius „ti“ ein. Dieses „ti“ ist bei ihm Ausdruck des allgemein menschlichen Moments in „ren“, ein Mittel, um den Gedanken von einer ethisch-politischen Einheit der Gesellschaft zu verwirklichen. Aber „ti“ als „Achtung gegenüber dem älteren Bruder“ impliziert Gleichheit und Unterordnung. In diesem Sinne reflektiert „ti“ — übertragen auf die gesamte Gesellschaft — das innere Spannungsverhältnis von „ren“, auf das wir in der Einleitung hingewiesen haben. Und genau in diesem Sinne ist „ti“ auch Mittel für „li“, für die Einhaltung der bestehenden sozialen Ordnung.

47 Hier wird die von Konfuzius wie auch vom späteren Konfuzianismus betonte Einheit bzw. Übereinstimmung von Staat und Familie besonders deutlich. Diese Idee schloß den Gedanken ein, daß an den einzelnen in der Gesellschaft keine qualitativ anderen moralischen Forderungen gestellt werden als in der Familie. Diese Auffassung ist mit dem Gedanken verbunden, daß die Familie die Quelle des richtigen Gesamtverhaltens, damit der Sittlichkeit und des Guten schlechthin ist. Sie ist Quelle in dem Sinne, daß sie richtiges Verhalten produziert; sie ist „ben“ (Wurzel, Grundlage) des Sittlichen. Das richtige Verhalten zu anderen Menschen ist die sittliche Grunderfahrung, die in der Familie gewonnen wird. Die Familie ist für den Konfuzianismus zugleich Mittel sittlich-sozialer Disziplinierung.

48 Im Text steht „ren“. Wir haben dieses Zeichen hier mit „guter Charakter“ übersetzt und sind dabei an die Grenzen seines Bedeutungsfeldes gelangt.

49 Zeng-zi = Meister Zeng. Ein Schüler des Konfuzius, der später selbst „Meister“ genannt wurde. Sein Name war Zeng Shen.

50 Die Zahl der Kriegswagen bildete ein Maß für die Stärke eines Staates. Zur damaligen Zeit war ein Staat, der über tausend Kriegswagen verfügte, durchaus kein großer und mächtiger Staat

mehr, sondern eher ein kleiner und schwacher. Das war eine Folge des zu Beginn der Chun-qiu-Zeit (8. Jahrhundert v. u. Z.) einsetzenden Wettrüstens zwischen den Staaten.

51 Damit sind die guten Prinzipien, aber auch die guten Menschen gemeint. (Im Text steht „ren".)

52 An dieser Stelle gehen beim Terminus „jun-zi" = „Edler" beide in der Einleitung erwähnten Bedeutungsfelder ineinander über.

53 Zi-gong war ein Schüler des Konfuzius. Was Zi-qin betrifft, so ist dies zweifelhaft.

54 Im Text steht „li" (ursprünglich: „Opfern" bzw. „Verhalten beim Opfer").

55 Hier wird sehr nachdrücklich auf die wechselseitige Abhängigkeit von Harmonie und „li" (hierarchische Ordnung und deren Einhaltung) hingewiesen. Dabei deutet sich hier der Gedanke an, daß „li" „ren" benötigt, da sonst Harmonie und Einklang nicht erreichbar sind.

56 „Buch der Lieder" = „Shi-jing". Liedersammlung aus der Zeit zwischen dem 11. und dem 7. Jahrhundert v. u. Z. Sie enthält, namentlich im 2. Teil, höfische Lieder, aber auch solche, die einen sozialen Protest artikulieren, vor allem im 1. Teil. — Das „Shi-jing" wurde mit vier anderen Schriften in der Han-Zeit (1./2. Jahrhundert u. Z.) — im Zeichen des Konfuzianismus — zu den „Fünf kanonischen Büchern" (wu jing) zusammengefaßt. Es handelt sich dabei noch um das „Shu-jing" („Buch der Urkunden"), das „Yi-jing" („Buch der Wandlungen"), das „Li-ji" („Aufzeichnungen über die Riten") und das „Chun-qiu" („Die Frühlings- und Herbstannalen", eine Chronik des Staates Lu der Jahre 722 bis 481 v. u. Z.). Dabei bedeutet das Zeichen „jing" „Leitfaden, grundlegende Regel", ursprünglich: „Kette eines Gewebes". Hier entsteht die gedankliche Assoziation von Gewebe (als stoffliches Material) und Gesellschaft (als eine Art soziales „Gewebe").

57 Das Verhalten der Menschen muß durch „li" geformt sein; es muß den Grenzen und Beschränkungen des „li" unterworfen werden. So heißt es: „Wie bei Elfenbein oder Edelstein — man muß schneiden und polieren, man muß schleifen und glätten."

58 Für Konfuzius war das „Buch der Lieder" vor allem ein „Buch der Moral". Es hatte für ihn vor allem ethische Bedeutung und sollte den Menschen „veredeln" helfen.

59 Hier wird im Grunde das Scheitern der Qin-Dynastie (206 v. u. Z.) (siehe Einleitung) antizipiert.

60 Meng Yi-zi war ein hoher Würdenträger im Staate Lu.

61 Die Ahnenverehrung ist das Mittel, wodurch die Toten Macht über die Lebenden behalten.

62 Sohn des Meng Yi-zi.

63 Gemeint ist der Schüler Yan Hui (Yan Yuan). Er gilt allgemein als der Lieblingsschüler des Konfuzius.
64 Der Edle = „jun-zi“. Der Gemeine = „xiao ren“ (der gewöhnliche, kleine Mann; der Mensch von geringer moralischer Qualität).
65 „gong“ ist ein Adelstitel und wird oft mit „Herzog“ oder „Fürst“ übersetzt.
66 Ji Kang-zi war ein Adliger in Lu. Der Herrscher übte seine Funktion nur nominell aus.
67 „Buch der Urkunden“ = „Shu-jing“ (eigentlich ein „Buch der Geschichte“). Eines der „wu jing“, der „Fünf kanonischen Bücher“ (siehe Anm. 56). — Teile des Textes sollen sehr frühen Ursprungs sein. Ihr Entstehen soll hinter das 12. Jahrhundert v. u. Z. zurückreichen. Andere Teile sollen etwa im 8. Jahrhundert v. u. Z. entstanden sein.
68 Gemeint ist die Shang-Dynastie (16.—11. Jahrhundert v. u. Z.).
69 Xia-Dynastie: 21.—16. Jahrhundert v. u. Z.
70 Zhou-Dynastie: westliche Zhou: 11. Jahrhundert bis 771 v. u. Z.; östliche Zhou: 770—221 v. u. Z.
71 Für „Sitten und Ordnung“ der einzelnen Dynastien steht im Text „li“.
72 Die Ji-Sippe, ein Adelsgeschlecht im Staate Lu und mit dem Herrscherhaus verwandt, gehörte zu den „san jia“, den drei mächtigen Familien, die sich damals in Lu in die Macht teilten. Konfuzius kritisierte, daß sich die Ji-Sippe mehr Macht anmaßte, als ihr — dem „li“ gemäß — zustand. „Li“-gemäß war es das Vorrecht des Königs (des „Sohns des Himmels“), acht Gruppen für rituelle Tänze und Musik zu haben. Dem Herrscher eines Teilstaates (wie Lu) standen sechs solcher Gruppen, einem hohen Aristokraten-Beamten nur vier zu. Das Haupt der Familie Ji hätte sich also nur vier Gruppen halten dürfen.
73 Mann aus dem Staate Lu.
74 Einer der fünf Berge, die im alten China von besonderer spiritueller Bedeutung waren. Ihm wurden Opfer gebracht, die nur der Herrscher des Gesamtreiches selbst vollziehen konnte.
75 Ran You oder Ran Qiu war einer der Schüler des Konfuzius.
76 Das große Opfer konnte eigentlich nur der Herrscher des Gesamtreiches als „Sohn des Himmels“ darbringen. Konfuzius mißbilligt hier, daß sich Herrscher von Teilstaaten dieses Recht anmaßen.
77 Wang-sun Jia meinte mit „Geist des inneren Hauses“ die Fürstin von Wei, mit dem „Geist des Herdes“ sich selbst. Er wollte offensichtlich mit diesem Vergleich dem Konfuzius seine Machtstellung im Staate Wei verdeutlichen. Doch der Meister verweist

auf den Himmel, den er hier als Synonym für die rechte Moral versteht.

78 Das Bekenntnis „Ich folge Zhou“ ist ein Bekenntnis zu den bisherigen Formen der sozialen Unterordnung.

79 Mit dem „Mann aus Zou“ ist der Vater des Konfuzius gemeint. Er war in Zou Beamter gewesen.

80 Wir schließen uns hier der Interpretation von Zhang Bo-jun an. Zi-gong meint: Wozu noch ein solch formales Opfer, wenn die Herrschenden sich ohnehin nicht korrekt verhalten! Sie opfern den Ahnen, aber folgen ihnen nicht.

81 Schüler des Konfuzius.

82 Diese Stelle wird klarer, wenn man berücksichtigt, daß „Furcht haben“, „vor Furcht zittern“ z. T. mit dem Zeichen für „Kastanie“ („li“) wiedergegeben wird.

83 Guan Zhong, ein Staatsmann aus der frühen Chun-qiu-Zeit (7. Jahrhundert v. u. Z.), hatte zum Erstarken des Staates Qi maßgeblich beigetragen. Er war ein Reformer und brach offenbar auch im eigenen Lebensstil mit gewissen Konventionen, was von Konfuzius als anmaßend verworfen wird.

84 Im Text steht „ren“.

85 Im Text stehen die Zeichen „zhong“ und „shu“, die wir hier mit „treu sein und immer das Rechte tun“ wiedergeben. An anderer Stelle werden sie wie folgt erklärt: „zhong“ als „Wie man selbst behandelt werden will, soll man auch andere behandeln“, shu“ als „Was man selbst nicht will, soll man auch anderen nicht antun“. Dabei ist „zhong“ die aktive Seite von „shu“. Das betrachten wir jedoch nicht als eine Definition der beiden Zeichen (siehe unsere methodische Bemerkung in der Einleitung zu „ren“). Aus diesem Grunde benutzen wir hier eine andere Übersetzung, die besser in den Kontext paßt.

86 „dao“ in der Doppelbedeutung von „Lehre“ („Prinzipien“) und „Weg“ („praktisches Verhalten“). Das Zeichen „dao“ besteht aus zwei Teilen, von denen der eine „Kopf“ und der andere „Fuß“ bedeutet.

87 Die Selbstkontrolle wurde als wesentliches Element der sozialen Harmonie verstanden (siehe auch IV,24).

88 Wie ein wertvolles Opfergefäß bei besonderen sakralen Handlungen Verwendung fand, so war Zi-gong — nach der Meinung des Konfuzius — für Hohes zu gebrauchen.

89 Bescheidenheit gehörte zur Ehrfurcht und bezeichnete die Bereitschaft zur pflichtgemäßen Ein- und Unterordnung.

90 Zi-hua (Chi) — wie auch Zi-lu und Ran Qiu (Ran You) — ein Schüler des Konfuzius.

91 Gemeint ist vor allem des Meisters Kenntnis der alten Schriften (im Text steht „wen zhang“) wie das „Shi-jing“ („Buch der

Lieder") und das „Shu-jing" („Buch der Urkunden"(.

92 Siehe dazu XVII,2. Gemeint ist das allen Menschen von Natur aus Gemeinsame.

93 Gemeint sind Naturphänomene, der Wechsel der Jahreszeiten, das Klima, aber auch der Kalender und ihre Beziehungen zum Leben der Menschen.

94 Hoher Beamter im Staate Wei. Kong Wen-zi war ein postumer Ehrenname.

95 Zi-chan, Kanzler des Staates Zheng (von 542—522 v. u. Z.), hatte ein Steuer- und Abgabensystem sowie einen Strafkodex und weitere fortschrittliche Maßnahmen eingeführt.

96 Hoher Beamter im Staate Qi.

97 Hoher Beamter im Staate Lu. Die älteren Kommentare meinen, daß Konfuzius weniger die Verschwendung als wiederum die rituell-politische Anmaßung dieses Beamten kritisiert habe. Nur der Herrscher habe sich eine so große Schildkröte halten dürfen, die Beamten hätten sich mit einer kleineren begnügen müssen. Hinzuzufügen ist, daß die Schildkröte für das Orakel gebraucht wurde und darum ein Tier von besonderer staatspolitischer Bedeutung war.

98 Kanzler im Staate Chu.

99 Beamter im Staate Qi.

100 „Er gab sich wie ein Tor": Damit ist eine Erscheinungsform von Weisheit gemeint.

101 Wahrscheinlich ein Mann aus Lu.

102 Die Identität von Zuo Qiu-ming konnte bisher nicht ermittelt werden.

103 Zi-lu geht es um materielle Dinge; Yan Hui erstrebt für sich gute Eigenschaften; Konfuzius aber ist selbstlos auf das Wohl anderer ausgerichtet.

104 Im Text steht „nan mian" = „mit dem Gesicht nach Süden". Wir übersetzen: „einen Staat anvertrauen". Im alten China saßen die Herrscher mit dem Gesicht nach Süden. Darum ist „nach Süden gewandt" hier als Synonym für „herrschen" zu verstehen. — Übrigens galt im alten China der Süden als eine besondere Himmelsrichtung. Bei den Chinesen alter Zeit bestand die Vorstellung von der Unendlichkeit des Südens. Die Wiege der chinesischen Kultur stand am Gelben Fluß, dem Huang-he. Bei der Expansion der chinesischen Kultur gab es lediglich in südlicher Richtung keine nennenswerten geographischen Hindernisse, denn nach Norden stieß man auf Gebirge, im Westen traf man auf die Wüste, und im Osten begann das Meer. Dagegen schien das Land in südlicher Richtung kein Ende zu nehmen. Hinzu kommt, daß durch die Gründung der Zhou-Dynastie das Verhältnis zwischen Ost und West zu einem innenpolitischen Spannungsfeld geworden

war. Dagegen kam es an der Nordgrenze zu ständigen Auseinandersetzungen mit den Nomaden der Steppenvölker. Hier prallten die sozialen und ökonomischen Gegensätze, so auch der Gegensatz zwischen sessiler und nomadisierender Lebensweise, besonders heftig aufeinander. So war es kein Zufall, daß die chinesische Mauer gerade an der Nordgrenze gebaut wurde. Dagegen brauchte das Land im Süden nicht gewaltsam erobert werden. Vielmehr brauchte man dort die chinesische Kultur nur zu etablieren. Die Völker im Süden waren dafür kein Hindernis. Sie wurden von den Chinesen assimiliert oder verdrängt. So glaubten die Chinesen, das Land im Süden gehöre ihnen von Natur aus.

105 Es ist nicht sicher, wer Zi-sang Bo-zi war.

106 Es handelt sich hier um alte chinesische Getreidemaße. Ein fu = 64 sheng. Ein yu = 16 dou = 160 sheng. Ein bing = 16 hu = 1 600 sheng. Ein sheng ist etwas weniger als $^1/_2$ Liter.

107 Konfuzius benutzt dieses Gleichnis, um seinen Schüler Zhong-gong in Schutz zu nehmen. Dieser könne schließlich nichts für seinen Vater. — Mit dem Kalb ist hier ein Opfertier gemeint. „Geopfert werden" war Verwendung für einen höheren Zweck. Indem Zhong-gong mit dem Kalb verglichen wird, soll unterstrichen werden, daß es sich um einen würdigen Menschen handelt. Das Kalb als Opfertier sollte rotbraun sein, da Rot die Farbe der Zhou-Dynastie war.

108 Bei „Bi" handelte es sich um ein Gebiet, was der Ji-Sippe tributpflichtig war.

109 Hier wird gesagt, daß die Treue gegenüber den richtigen Prinzipien unter Umständen vom einzelnen verlangt, sich zu verweigern. Treue schließt Standhaftigkeit ein.

110 Offenbar hatte der Schüler Bo-niu eine ansteckende Krankheit, so daß er niemanden zu sich ließ. Darum ergriff der Meister vom Fenster aus seine Hand. Konfuzius schätzte Bo-niu wegen seiner moralischen Qualitäten.

111 Im Text steht „xian" = die Einheit von Weisheit und Tugend.

112 Sei als Gelehrter ein Edler, nicht aber ein Gemeiner! Folge sittlichen Prinzipien und verkörpere als Gelehrter das „dao". Das ist die einzige Stelle in den „Gesprächen", wo das Zeichen „ru" — als „Gelehrter" übersetzt — erscheint, das Zeichen, nach dem später die Schule der Konfuzianer Ru-Schule (Ru-jia) genannt wurde.

113 Meng Zhi-fan war ein Beamter im Staate Lu. Es handelt sich hier um eine Schlacht gegen den Staat Qi, die im 11. Jahr der Herrschaft des Ai-gong von Lu (483 v. u. Z.) stattfand.

114 Gemeint ist das Streben nach sittlicher Vollkommenheit, das faktisch den Lohn = Nutzen = Gewinn als Sekundäreffekt abwirft.

115 Das Wasser ist ständig in Bewegung. Es fließt unaufhörlich. So ist auch die ganze äußere Welt ein permanenter Fluß. Wer auf die Kenntnis der äußeren Dinge aus ist, liebt das Wasser; er muß der Bewegung folgen. Der Berg hingegen ruht in sich. Er ist das Symbol innerer Harmonie und Ausgeglichenheit; er ist wie der Edle, der sittlich vollkommene Mensch.

116 Gemeint ist eine bestimmte Sorte von Opfergefäßen, die viereckig waren und als „gu" bezeichnet wurden. Inzwischen hatten diese Gefäße ihre Gestalt verändert, die Bezeichnung „gu" war aber geblieben. Für Konfuzius ist nun „gu" nicht mehr „gu". Mit diesem Gleichnis kritisiert Konfuzius, daß zu seiner Zeit Herrscher nicht mehr Herrscher und Untertan nicht mehr Untertan war, es geht ihm also um „Richtigstellung der Namen/Begriffe" (zheng ming) (siehe Einleitung).

117 Die Nan-zi, Gemahlin des Herrschers von Wei, galt als verdorben, sie soll sexuellen Verkehr mit ihrem Halbbruder gepflegt haben.

118 Yao und Shun: legendäre Kaiser des chinesischen Altertums, die von Konfuzius glorifiziert wurden.

119 Über Lao Peng wurde bislang nichts Zuverlässiges ermittelt. Möglicherweise handelte es sich sogar um zwei Personen, um Lao und Peng.

120 Zhou-gong („Herzog von Zhou") war der Sohn des Zhou-Königs Wen und ursprünglich „Lehnsfürst" von Lu, faktisch der „Ahn" des Staates Lu. Er hatte großen Einfluß auf die Geschicke des Reiches gehabt, ohne je selbst König gewesen zu sein. Konfuzius sah in ihm sein Vorbild und verehrte ihn sehr.

121 Im Text steht „ren", das wir hier mit „tu, was sich gehört" wiedergeben.

122 Das steht in inhaltlichem Zusammenhang mit XV,39: „Bildung soll allen zugänglich sein. Man darf keine Standesunterschiede machen." Der Schüler sollte etwas mitbringen, um damit seine Höflichkeit unter Beweis zu stellen. Es war eine symbolische Geste.

123 Die Musik des Kaisers Shun, des legendären Nachfolgers des Sagen-Kaisers Yao, war die „Shao-Musik". Sie galt als in sittlicher und ästhetischer Hinsicht besonders vollkommen.

124 Im traditionellen chinesischen Denken ist der Bezug auf die Vergangenheit von geradezu ungeheurer Beweiskraft, um Gegenwärtiges als recht oder unrecht darzustellen. Konfuzius kritisiert hier die Herrschaftsverhältnisse im Staate Wei; dazu benutzt er das Urteil über Bo-yi und Shu-qi, ein indirektes Urteil also, was in Chinas Tradition von besonderer Bedeutung ist.

125 She: ein Gebiet in dem im Süden des Reiches gelegenen Staate Chu.

126 Konfuzius selbst versteht sich als der Hüter von Kultur und

Zivilisation, der eine „himmlische“ Mission zu erfüllen hat. Er versteht sich als „men“ (Tür, Tor) für das „dao“, den richtigen Weg. Was die Feinde betrifft: Im Text steht dafür der Name Huan Tui. Wir haben hier eine etwas freiere Übersetzung von allgemeinerer Bedeutung gewählt. Huan Tui war ein Beamter aus dem Staate Song, der — wie die Legende berichtet — Konfuzius töten lassen wollte, als er durch diesen Staat reiste.

127 Im Text steht: „Wissen zweiter Stufe.“ So übersetzt auch Wilhelm. „Wissen erster oder höchster Stufe“ ist demgegenüber „angeborenes“ Wissen (siehe Einleitung).

128 Es ist heute nicht mehr ganz klar, was mit diesem Gebiet Hu-xiang gemeint ist.

129 Gemeint ist der Schüler Zi-hua.

130 Tai-bo war der älteste Sohn des Ahns der Zhou. Angespielt wird auf Vorgänge, die sich z. Z. des Verfalls der Shang-Dynastie zutrugen. Der Vater des Tai-bo hatte den Gedanken erwogen, das Herrscherhaus der Shang zu stürzen. Tai-bo als sein ältester Sohn und damit — im Falle des Sturzes der Shang — sein Nachfolger auf dem Thron war aus Gründen der Loyalität zur bestehenden Herrschaft dagegen. So hat er sich — wie es heißt — zu den Barbaren des Südens zurückgezogen und auf die Möglichkeit, Herrscher über das Reich zu werden, verzichtet. Seine Familie wurde später — nach der Gründung der Zhou-Dynastie — mit dem Staat Wu „belehnt“. Erst der Enkel des Bruders von Tai-bo, der spätere Zhou-König Wu, stürzte im 11. Jahrhundert v. u. Z. die Shang-Dynastie.

131 Wir übersetzen hier „li“ als „Grenze“, als „Grenze des Anstandes“, als Verhalten „wie es sich ziemt“, als Einhalten der „guten Traditionen“. Wir wollen damit auch ausdrücken, daß „li“ „Formung“ wie auch „Fesselung“ („Beschränkung“) des Verhaltens bedeutet.

132 Diese Stelle ist schwierig zu interpretieren. Die übliche Erklärung ist, daß es die Pietät gegenüber den Eltern erfordert, seinen eigenen Körper unversehrt zu erhalten, da er von den Eltern stammt.

133 Beamter im Staate Lu.

134 Hier wird von „jun-zi“ als Mann von Macht, als Herrschendem, gesprochen.

135 Wörtlich steht: „Was hingegen die Opfergefäßt betrifft, so gibt es dafür besondere Beamte.“

136 Diese Stelle bringt das „li“-Denken des Konfuzius, sein Standesdenken, zum Ausdruck. Jeder soll seiner Stellung in der Gesellschaft entsprechen. Aber keiner soll darüber hinausgehen, denn das ist für Konfuzius Anmaßung und der Beginn der gesellschaftlichen Unordnung, des ungeregelten Durcheinanders.

137 Yao, Shun und Yu waren die drei Sagenkaiser, die im 3. Jahrtausend v. u. Z. über das Reich geherrscht haben sollen. Konfuzius betrachtete sie als Schöpfer der gesamten Kultur.

138 König Wu war der eigentliche Begründer der Zhou-Herrschaft. Er stürzte die Shang und regierte zwischen 1122 und 1115 v. u. Z.

139 Hiermit ist möglicherweise die Gemahlin des Königs Wen gemeint. Sie soll die Hauptstadt verwaltet haben.

140 König Wen war der Vater des Zhou-Königs Wu. Er hatte zwei Drittel des Reiches in seiner Gewalt. Doch erst sein Sohn stürzte die Shang.

141 Im Text steht wörtlich: „Er verwendete alle Kräfte für die Regulierung der Gewässer." Gemeint ist: Kaiser Yu wohnte in einem einfachen Haus. Er verzichtete auf einen prunkvollen Palast, da er alle Kräfte für das Gemeinwohl einsetzte.

142 Die Interpretation dieser Stelle bereitet seit alters her Schwierigkeiten. Daß Konfuzius selten über Gewinn oder Schicksal sprach, ist einleuchtend. Auf seine bzw. der Konfuzianer Abneigung gegenüber dem Gewinn haben wir bereits hingewiesen. Es war konfuzianische Auffassung, daß dann, wenn sich alle richtig verhalten, Gewinn und Nutzen wie von selbst kommen. Steht hingegen das Streben nach Vorteil im Vordergrund, dann wird Chaos und Durcheinander erzeugt; der erhoffte Nutzen wird dadurch im Grunde ausgeschlossen. Das Streben nach Vorteil und Nutzen ist nach konfuzianischer Auffassung ein Widerspruch in sich selbst, weil es einen Ziel-Mittel-Konflikt bedeutet. Mit Schicksal (ming) ist der Wille des Himmels, der himmlische Befehl, das himmlische Mandat gemeint. Obwohl der Himmel als Synonym für moralische Prinzipien und als Quelle von Kausalität zum geistigen Untergrund der gesamten Anschauungen des Konfuzius gehört, steht für ihn nicht die himmlische Macht, sondern die irdische Ordnung im Mittelpunkt. Das tian-xia (alles, was unter dem Himmel ist = das Reich, die gesamte bewohnte Erde) steht für ihn — was seine Intentionen, die Richtung seines Interesses, betrifft — vor und über dem tian (Himmel). Schwierigkeiten bei der Interpretation bereitet die Behauptung, Konfuzius habe selten über „ren" (hier als „Menschenliebe" übersetzt) gesprochen; in Wirklichkeit erscheint dieses Zeichen aber in den „Gesprächen" hundertneunmal, es bildet auch den Hauptinhalt des Kapitels IX. Vorangegangene Versuche, diesen offensichtlichen Widerspruch zu lösen, waren meist unbefriedigend. Wir versuchen die Erklärung in zweierlei Richtung: Erstens spricht Konfuzius meistens dann über „ren", wenn er auf Fragen anderer antwortet: Deshalb übersetzen wir, Zhang Bo-jun folgend, daß Konfuzius „von sich aus" nur selten über „ren" sprach. Zweitens spricht

Konfuzius kaum über „ren“ als Abstraktum, als Wert an sich. Es ging ihm vielmehr stets um konkretes Verhalten. Mit der Übersetzung von „ren“ als „Menschenliebe“ soll die Abstraktheit des Begriffs wiedergegeben werden. In diesem Sinne, so meinen wir, hat Konfuzius wirklich nur selten über „Menschenliebe“ gesprochen.

143 Diese Antwort ist offensichtlich ironisch gemeint.

144 Nachdem Konfuzius den Staat Wei verlassen hatte, um sich in den Staat Chen zu begeben, passierte er Kuang. Dieses Gebiet war einmal Opfer einer Aggression des Staates Lu geworden, des Heimatstaates von Konfuzius.

145 Der Zhou-König Wen war der Vater des Königs Wu. Von ihm hieß es, daß er bereits zwei Drittel des Reiches besessen, aber immer noch treu den Shang gedient habe. (Siehe Kapitel VIII,20 und Anm. 140.)

146 Konfuzius versteht sich als Kulturträger. Siehe Anm. 126.

147 Der Text läßt offen, aus welchem Staat des damaligen China dieser Premierminister stammte.

148 Zheng Xuan zufolge, der in der Han-Zeit den ersten Kommentar zu den „Gesprächen“ schrieb, soll Lao ein Schüler des Konfuzius sein.

149 Dieser Satz ist im Zusammenhang mit IX,6 zu sehen. Konfuzius meint, er habe sich mit Nebensächlichem beschäftigt, weil er nicht mit größeren Aufgaben betraut wurde. Eine Abwertung des Staatsdienstes, eine Gegenüberstellung von Lernen und Staatsdienst, wie z. T. herausgelesen wird, wäre nicht konfuzianisch gedacht. Für Konfuzius war gerade das Lernen zum Zwecke der Politik wesentlich.

150 Der Phönix galt als Vogel der Freude und des Glücks; er bedeutete Frieden. Solche Vögel sollen der Sage nach z. Z. des legendären Kaisers Shun (3. Jahrtausend v. u. Z.) sowie des Zhou-Königs Wen erschienen sein. Das Erscheinen des Phönix sollte ein Zeichen dafür sein, daß ein weiser Herrscher kommt und die Welt in Ordnung bringt.

151 Wahrscheinlich wird hier auf eine Legende angespielt, nach der z. Z. der legendären Kaiser Shun und Yu sagenhafte Tiere mit mysteriösen Schriftzeichen auf dem Rücken aus dem Gelben Fluß aufgestiegen wären.

152 Konfuzius zweifelt daran, ob sich noch ein Herrscher findet, der bereit ist, seine Lehre aufzunehmen.

153 Mit „Edelstein“ sind die Fähigkeiten und Talente, vor allem die Rolle des sittlich-moralischen Modells und das Wissen von der rechten Art des Regierens, gemeint. „Verkaufe ihn!“: Damit meint Konfuzius, daß man die Möglichkeiten nutzen soll, seine eigenen Vorstellungen von gesellschaftlicher Ordnung zu ver-

wirklichen. „Ich würde jedoch auf den Händler warten" ist ein Aufruf zur Zurückhaltung, eine Warnung davor, jedwedem zu dienen. Man soll dem Herrscher dienen, der das Rechte tut.

154 Im 11. Jahr der Herrschaft des Ai-gong von Lu (483 v. u. Z.).

155 „Festgesänge" (ya) und „Lobgesänge" (song) sind einerseits Teile des „Shi-jing" („Buch der Lieder"). Andererseits handelt es sich um eine allgemeine Klassifizierung von Liedern und Gesängen. Die konfuzianische Tradition hat nur die erste Bedeutung gesehen und dies mit der Legende in Verbindung gebracht, wonach Konfuzius das „Buch der Lieder" kompiliert habe. Das ist jedoch nicht eindeutig zu beweisen.

156 Möglicherweise zielt diese Bemerkung darauf, daß die Herrschenden jener Zeit — wie Konfuzius meinte — mehr sinnlichem Genusse frönten, als ihrer sittlichen Verantwortung bewußt zu sein. Wilhelm gibt an, daß dieser Bemerkung ein bestimmtes Erlebnis zugrunde lag, was Konfuzius im Staate Wei hatte: Bei einer Spazierfahrt fuhr der Fürst „mit der schönen Frau voraus, und der Meister wurde in den zweiten Wagen verwiesen, so daß auf dem Markt Spottlieder gesungen wurden über die Schönheit, die vorausfährt, und die Weisheit, die hinterdrein kommt" (Richard Wilhelm, Kung-tse, Stuttgart 1925, S. 34).

157 Diese Textstelle betont die sittliche Eigenverantwortung des einzelnen, die Notwendigkeit seiner eigenen sittlichen Aktivität. Dabei fallen „Lernen" und „sittliche Vervollkommnung" fast zusammen.

158 Das Kapitel X fällt etwas aus dem Rahmen. Es wird — inhaltlich betrachtet — das formale Verhalten von Konfuzius als Person beschrieben, weniger seine Vorstellungen von Moral und gesellschaftlicher Ordnung. Bezüglich der formalen Seite fällt auf, daß Konfuzius hier nur einmal „zi" („Der Meister") genannt wird, sonst ist von „Kong-zi" („Meister Kong", „Konfuzius") oder „jun-zi" („dem Edlen") die Rede. Offenbar stammt also das X. Kapitel aus einer anderen Quelle. Möglicherweise sind deshalb auch Vorgänge und Verhaltensweisen, die hier von Konfuzius behauptet werden, nicht authentisch, sondern sind Zeremonien, die ihm erst nachträglich zugeschrieben wurden. Besonders im X. Kapitel kommt zum Ausdruck, welche Bedeutung der Konfuzianismus den Formen des Verhaltens beimißt. Später, vor allem von der Tang-Zeit an (Tang-Zeit: 618—907), wurden die Formen immer mehr zum Selbstzweck.

159 Festkleidung: Sie wurde bei Opferzeremonien sowie bei Audienzen getragen.

160 Fasten ist Mittel zur inneren Reinigung. Der inneren Reinigung entsprach die äußerliche Reinlichkeit. Dies förderte sowohl die dem chinesischen Denken immanente „Logik der Entsprechung"

ebenso wie den Gedanken an die Harmonie von innen und außen.

161 Das Fleisch vom Opfertier wurde eigentlich nicht zur Sättigung genossen, sondern aus Ehrfurcht gegenüber den Ahnen und Geistern. Deshalb wurde davon kein Vorrat angelegt.

162 Wohl in der Absicht, für spätere Opferzeremonien ein Opfertier zu haben.

163 Im allgemeinen war es Sitte, daß der Hausherr auf der Treppe an der östlichen Seite des Hauses seine Gäste empfängt; dabei blickt er gen Westen, während die Gäste, aus westlicher Richtung kommend, gen Osten blicken. Wenn aber der Herrscher das Haus betritt, verändert sich das Verhältnis Gast — Gastgeber. Jetzt erscheint der Herrscher als Haupt des Staates und zugleich auch als Haupt des Hauses. Er blickt so aus der Richtung des Gastgebers, aus östlicher Richtung. Der Hausherr mußte also gen Osten blicken. Als Konfuzius krank war, wurde deshalb beim Besuch des Herrschers das Bett, das ursprünglich westlich des Südfensters aufgestellt sein mußte, so umgestellt, daß er gen Osten blicken konnte.

164 Wie Kapitel III,5.

165 Das war ein Ausdruck der Achtung gegenüber dem Gastgeber.

166 Donner und Wind waren „Zeichen" des Himmels.

167 Von alters her gibt es für diese Stelle keine befriedigende Erklärung. Möglicherweise ist der Text verstümmelt worden.

168 Um 489 v. u. Z. soll sich Konfuzius auf dem Wege vom Staat Chen nach Cai befunden haben, als er von Beamten des Staates Chen verhaftet worden sei. Man befürchtete, daß Konfuzius sich in den großen südlichen Staat Chu begäbe und diesen in seinen Angriffsoperationen moralisch unterstütze, und wollte das verhindern.

169 Vgl. Kapitel V,2.

170 Diese Stelle steht im Widerspruch zum „Shi-ji" („Historische Aufzeichnungen") des Si-ma Qian aus der Han-Zeit, wo vermerkt ist, daß der Schüler Yan Hui vor dem Sohn des Konfuzius gestorben sein soll. — Der Prunksarg zeigte an, daß es sich um das Begräbnis eines Menschen aus der oberen Schicht der Gesellschaft handelte.

171 Der Originaltext drückt mehr Bescheidenheit aus als diese von uns hier angebotene Übersetzung. Wir haben sie aber der Lesbarkeit halber gewählt. Im Text steht: „Ich folge den hohen Beamten nach" bzw. „Ich bin im Gefolge der hohen Beamten". Wie in der Einleitung erwähnt, soll Konfuzius Minister für öffentliche Arbeiten und danach Justizminister im Staate Lu gewesen sein — dies aber schon lange vor Yan Huis Tod. Möglicherweise bezieht sich diese Stelle darauf.

172 Man hatte vor, ein „langes Schatzhaus“ zu bauen. Offensichtlich war Konfuzius dagegen. Über die Gründe können wir nur mutmaßen. Ein „langes Schatzhaus“ war eine Abkehr von der bisher geübten Praxis, ein kleineres Schatzhaus zu bauen. Möglicherweise erschien ihm dies auch anmaßend und der Rolle des Staates Lu nicht gemäß. Vielleicht war es für ihn auch ein Symbol für die übergroße Ansammlung des Reichtums der Herrschenden und damit ein Verstoß gegen soziale Balance und Ausgewogenheit.

173 Nach einigen Kommentatoren hat Konfuzius den Zi-lu deshalb getadelt, weil sein Lautenspiel etwas Aggressives an sich gehabt habe. Dieses Aggressive widersprach der Vorstellung des Konfuzius von der inneren Harmonie, der Balance der Seele.

174 Ran Qiu war einerseits Schüler des Konfuzius, andererseits Beamter im Dienste der mächtigen Ji-Sippe in Lu.

175 Der Schüler Zi-gong war arm gewesen, aber reich geworden, obgleich er nicht jene sittliche Vollkommenheit erreichte, wie sie für Yan Hui bezeichnend war. Hier spiegelt sich ein pessimistischer Zug wider. Hohe Moral wird nicht honoriert, so meinte Konfuzius. — Im Text steht „bu shou ming“, was wir mit „nahm nicht den Willen des Himmels in sich auf“ übersetzen. Zum Teil — so Stange und Zhang Bo-jun — wird übersetzt: „War mit seinem Schicksal unzufrieden.“ Wir haben uns hier für die erste, allgemeinere Variante entschieden: Wer den Willen des Himmels aufnimmt, lebt in innerer und äußerer Harmonie. Auf wen das nicht zutrifft, der hat den Willen des Himmels nicht in sich aufgenommen; er ist nicht in innerer und äußerer Harmonie und ist darum unzufrieden. Somit wird dieser Bedeutungsaspekt von unserer allgemeineren Übersetzungsvariante mit eingeschlossen.

176 Gemeint ist der Schüler Zi-hua (Kapitel VI,4).

177 Vgl. Kapitel IX,5 und Anm. 145. — Diese Textstelle verdeutlicht die Auffassung des Konfuzius über die zwei Seiten der „Treue“ (zhong): Treue zum Prinzip (zum rechten Weg) geht vor Treue zum Herrscher.

178 Ein li = etwa 0,5 km.

179 Im Text steht „ren“.

180 Ein Mann aus dem Staate Song.

181 Im chinesischen Altertum bestand die Vorstellung, wonach China als „Reich der Mitte“ von vier Meeren — entsprechend den vier Himmelsrichtungen — umgeben wäre. „Innerhalb der vier Meere“ ist danach ein Synonym für China.

182 Siehe Kapitel VI,27.

183 Tang gilt als der Begründer der Shang-Dynastie (16. Jahrhundert v. u. Z.). Yi Yin war Minister bei Tang und Vormund seines Enkels und späteren Nachfolgers. Es zeigt sich eine gewisse

Parallele zu Zhou-gong, dem Herzog von Zhou, dem Bruder des Zhou-Königs Wu.

184 Offensichtlich hatte Konfuzius um 485 v. u. Z. herum auf Vermittlung seines Schülers Zi-lu die Möglichkeit, ein öffentliches Amt im Staate Wei zu erhalten. Er schlug jedoch diese Chance zur praktischen Verwirklichung seiner Ideale aus, weil die Zustände in Wei dagegensprachen. Dort wurden bei der Führung des Staates die Grundregeln der Pietät und Ehrfurcht verletzt, indem der Sohn regierte, während das Amt seinem Vater zustand.

185 Hier der Staat als „ausgedehnte" Familie. Hinzu kommt, daß die Ahnherrn der Staaten Lu und Wei Brüder gewesen sein sollen, und zwar beide Brüder von König Wu, dem Begründer der Zhou-Dynastie.

186 Ju-fu lag im Staate Lu.

187 „Yi-jing".

188 Laut Zhu Xi soll es sich hierbei um den Konfuzius-Schüler Nan Rong (siehe Kapitel V,2) gehandelt haben.

189 Nach der Legende war Yi ein Minister zur Zeit der Xia-Dynastie (21.—16. Jahrhundert v. u. Z.), der die Macht im Reich usurpierte und schließlich wiederum von einem seiner Minister aus, wie es heißt, Eifersucht wegen seiner Gewandtheit beim Bogenschießen, getötet worden sein soll.

190 Auch Ao soll zur Zeit der Xia-Dynastie gelebt haben. Er soll einen Kaiser ermordet haben und später selbst von einem Verwandten dieses Kaisers umgebracht worden sein. Die Legende berichtet, daß Ao über solche Körperkräfte verfügt hätte, daß er ein auf Grund geratenes Boot wieder flottmachen konnte.

191 Siehe Anm. 137. Yu galt als Begründer der Xia-Dynastie.

192 Ji soll Landwirtschaftsminister unter dem sagenhaften Kaiser Shun gewesen sein. Er gilt als der Ursprung der Zhou. Wenn es hier heißt, er habe das Reich erhalten, so kann damit nur gemeint sein, daß seine Nachkommen schließlich ein Jahrtausend später mit der Gründung der Zhou-Dynastie das Reich übernahmen. Der ganze Abschnitt ist wiederum als Gleichnis zu verstehen. Nan Gong-guo benutzt die Gestalten aus dem Altertum, um den Meister nach dem Stellenwert der Moral im gesellschaftlichen Leben zu fragen. Kraft allein bringt nichts ein.

193 Im Text steht „jun-zi". Damit ist hier u. E. nicht der vollkommene Mensch als Verkörperung des dao, sondern der Herrschende, der Regierende gemeint.

194 Im Text steht „xiao ren"; gemeint ist eine bestimmte soziale Position, nämlich die soziale Unterschicht.

195 Es handelt sich bei dem hier besprochenen Verfahren um das Abfassen diplomatischer Schriftstücke im Staate Zheng. Dieser Staat war von mächtigen Nachbarn umgeben, mußte deshalb eine

kluge Außenpolitik betreiben und große Sorgfalt in der Diplomatie walten lassen.

196 Beamter im Staate Zheng.

197 Beamter im Staate Lu (aus der adligen Meng-Sippe), angeblich ein Bewunderer des Konfuzius.

198 Beamter in Lu, galt als sehr geschickt und weise. Er hatte angeblich den Niedergang des Staates Qi vorausgesehen und das Angebot, dort Minister zu werden, abgeschlagen.

199 Möglicherweise ist Bian der Ort, aus dem dieser Zhuang stammte. Er war wegen seines Mutes berühmt.

200 Mann aus dem Staate Wei.

201 Damit ist Gong-shu Wen gemeint.

202 Zang Wu-zhong war durch die adlige Meng-Sippe zum Verlassen von Lu gezwungen worden. Er kehrte aber in sein „Lehen" Fang zurück, besetzte es und drohte dem Herrscher von Lu, es nicht wieder zu verlassen, wenn nicht ein Nachfolger für ihn als Haupt der Zang-Familie ernannt würde. Das war für ihn und seine Familie deshalb wichtig, weil bei seiner Abwesenheit und ohne Nachfolger die Ahnenopfer unterblieben. Das mußte nach herkömmlicher Auffassung Unglück über die Familie bringen.

203 Wen-gong aus dem Staate Jin und Huan-gong aus dem Staate Qi waren damals die beiden Mächtigsten unter den Herrschern der Teilstaaten.

204 Vgl. Kapitel XIV,14.

205 Damit sind die aristokratischen Sippen Meng, Shu und Ji gemeint, welche die eigentliche Macht im Staate Lu hatten. Diese drei adligen Geschlechter waren in ihrem Machtstreben gegen den Herrscher von Lu ausgerichtet und hatten somit das gleiche Interesse wie der Mörder Chen Heng im Staate Qi. So war es kein Wunder, daß Konfuzius bei ihnen mit seinem Vorschlag kein Gehör fand.

206 Konfuzius gab hier einen durch und durch politischen Rat. Sein Hintergedanke war, den Verstoß gegen „li", der im Mord an Jian-gong zum Ausdruck kam, zu ahnden, um gleichzeitig durch die Einflußnahme auf die innere Situation von Qi seinem Ziel, eine seinen Vorstellungen entsprechende Ordnung im Gesamtreich zu schaffen, ein gutes Stück näher zu kommen.

207 Vgl. Kapitel VIII,14.

208 Wei-sheng Mou soll ein Mann aus der Heimat des Konfuzius gewesen sein.

209 Hier handelt es sich wieder um ein Gleichnis. Gemeint ist der Mensch; es geht um „de", um moralische Qualitäten, wie der Originaltext ausweist.

210 Im Text steht „de" = Moral, Tugend.

211 Klingstein (Musikstein): aufgehängte flache Nephritplatten unterschiedlicher Größe.

212 Das geht gegen Konfuzius und seinen Wunsch, von einem Herrscher erhört zu werden. Darum ist hier von seinem „Geklingel" die Rede.

213 Zitat aus dem „Buch der Lieder" („Shi-jing"), hier als Gleichnis zu verstehen: als Aufforderung, sich den Umständen anzupassen.

214 Gao-zong, 13. Jahrhundert v. u. Z. Das Trauerzelt wurde gewöhnlich neben dem Grab aufgeschlagen.

215 Dort soll Konfuzius gelebt haben.

216 Die Geschichtsschreiber Yu und Qu Bo-yu waren Beamte im Staate Wei.

217 Yan Yuan = Yan Hui, Lieblingsschüler des Konfuzius.

218 Der Kalender galt als wichtiges Instrument zur Herstellung bzw. Einhaltung der Harmonie von Himmel, Erde und Mensch. Er hatte eine erstrangige politisch-mystische Bedeutung. Er bestimmte die Abfolge der ökonomischen, politischen und kultischen Handlungen in Übereinstimmung mit dem Lauf der Natur. Die drei alten Dynastien Xia, Shang und Zhou hatten unterschiedliche Kalender; sie begannen das Jahr zu unterschiedlichen Zeiten. Konfuzius meinte, daß der Kalender der Xia-Dynastie am besten die sozio-kosmische Harmonie sichere.

219 Gemeint ist die Shang-Dynastie, deren „Staatswagen" einfacher und schlichter waren als die der Zhou.

220 Vgl. Kapitel IX,18.

221 Ein fähiger und würdiger Mann aus dem Staate Lu. Siu-xia ist möglicherweise ein Ortsname: Hui aus Liu-xia.

222 Zu jener Zeit wurden in China meist Blinde Musikmeister.

223 Überfallen im Sinne einer Strafexpedition.

224 Ran Qiu (Ran You) war Beamter im Dienste der Ji-Sippe.

225 Gemeint sind die Herrscher des Gesamtreiches.

226 Liegt in der heutigen Provinz Shandong. War im Altertum einer der heiligen Berge (wie der Tai-shan), deren Geistern Opfer dargebracht wurden.

227 Haupt der Ji-Sippe.

228 Zhou Ren war ein Geschichtsschreiber des Altertums.

229 Damit sind die drei mächtigen Adelsgeschlechter in Lu (Ji, Shu und Meng) gemeint. (Siehe auch Kapitel XVII,1 und Anm. 233.)

230 Die Zahl Drei ist eine magische Zahl. „Drei" = das sind Himmel, Erde und Mensch. Sie tritt auch in den nächsten Abschnitten in augenfälliger Häufung auf.

231 Siehe Kapitel V,23. Diese beiden Prinzen lebten am Ende der Shang-Dynastie. Nach deren Sturz verhungerten sie freiwillig,

weil sie sich nicht in die Abhängigkeit von der neuen Herrschaft (Zhou-Dynastie) begeben wollten.

232 Chen Kang ist Zi-qin aus Kapitel I,10.

233 Yang Huo (auch Yang Hu genannt) war ein Beamter im Dienste des Adelsgeschlechts der Ji im Staate Lu. Er verhielt sich gegenüber den Ji genauso machtgierig, wie diese sich vorher gegenüber dem Herrscher von Lu verhalten hatten (vgl. Kapitel XVI,2 und 3). Er hatte die Macht, welche die Ji hatten, an sich gerissen. Jetzt wollte er Konfuzius dazu bringen, für ihn zu arbeiten. Dabei war es die Absicht des Yang Huo, seine Person wie seine Machtstellung durch Konfuzius aufzuwerten. Konfuzius mußte die Aktivitäten des Yang Huo als sittenwidrig empfinden (gegen „li" gerichtet) und scharf verurteilen. Aber die Umstände zwangen ihn, zum Schein auf das Angebot des Yang Huo einzugehen, ohne dann schließlich ein Amt bei ihm zu übernehmen.

234 Lautenspiel und Gesang deuten auf die schöne Form des sozialen Lebens in Wu-cheng. Sie waren offensichtlich das Verdienst des Zi-you; er war Präfekt in Wu-cheng und in den Formen sehr bewandert. Es ist ein Gleichnis: „Huhn" steht für Wu-cheng, das „lange Messer" für die schönen Formen menschlichen Zusammenlebens. Konfuzius will damit sagen: So ein kleines Gebiet wie Wu-cheng, und da wird so viel Wert auf die äußere Form, auf die Kultivierung des Lebens, gelegt? Zi-you rechtfertigt sich im konfuzianischen Sinne, und der Meister gesteht, daß seine Worte als Scherz zu verstehen sind.

235 Wahrscheinlich ein Kumpan des Yang Huo (siehe Anm. 233).

236 Offensichtlich war Konfuzius zunächst geneigt, dieses Angebot anzunehmen. Er sah eine Chance, seine Vorstellungen zu verwirklichen und im Osten des Reiches die „Ordnung", wie er sie versteht (die Form der Unterordnung, wie sie im Zhou-Reich üblich war), wieder herzustellen. Konfuzius hat das Amt schließlich doch nicht angenommen.

237 Gemeint ist offensichtlich folgendes: Konfuzius hält sich für standhaft genug, um nicht schlechten Einflüssen zu erliegen. Deshalb kann er es wagen, dieses Amt anzunehmen. Denn es geht ihm darum, praktisch zu wirken und seine Vorstellungen in die Tat umzusetzen, denn: Er ist kein Kürbis, den man ansehen kann, ohne ihn zu essen. Letzten Endes war aber doch das moralische Bedenken größer; er hat das Amt nicht angenommen.

238 Kapitel des „Buches der Lieder" („Shi-jing").

239 Wie Kapitel I,3.

240 Diese Bemerkung wird verschieden interpretiert. Zhang Bo-jun, dem wir uns anschließen, meint, daß die Herrscher der Teilstaaten sich purpur zu kleiden pflegten, obgleich sie — der Ordnung der Zhou gemäß — Zinnober zu tragen hätten. Purpur stünde ihnen

danach nicht zu. Diese Interpretation wird gestützt durch die Tatsache, daß Purpur — und nicht Zinnober — zu den Grundfarben des alten China gehörte. Es ist im Grunde wieder ein Gleichnis, welches Machtusurpation anprangert.

241 Vgl. Kapitel XV,11 und IX,15.

242 Mann aus Lu.

243 Das Bo-Spiel ist dem Damespiel ähnlich; das Yi-Spiel ist das alte chinesische Schach.

244 König Zhou gilt als grausamer Tyrann, der durch seine Art des Regierens das Mandat des Himmels verspielte, so daß es nach altchinesischer Auffassung zum Sturz der Shang-Dynastie kam. Die drei wirklich guten Männer, die es gab, zogen sich entweder zurück und mußten wegen ihrer Kritik am Herrscher das Sklavendasein erdulden bzw. sterben.

245 Siehe Kapitel XV,14 und Anm. 221.

246 Ji und Meng waren zwei der drei großen Adelsgeschlechter des Staates Lu, wobei die Meng-Familie wesentlich weniger mächtig war als die Ji-Familie. Offensichtlich überlegt der Herrscher von Qi, wie er Konfuzius behandeln solle, weil er zunächst die Absicht hatte, ihn in seine Dienste zu nehmen.

247 Der Narr Jie-yu, in Wirklichkeit ein Weiser, verbarg seine Weisheit, wie Wilhelm schreibt, unter dem Mantel der Torheit. Es sei sinnlos, so meinte der Narr, mit seiner Weisheit hervorzutreten. Auch Konfuzius solle von sinnlosem Streben ablassen. Es ist im Grunde ein daoistischer Appell an den Konfuzianer. Der Vogel Phönix war das Symbol der Freude, des Glücks und des Friedens.

248 Über Chang Ju und Jie Ni ist nichts Näheres bekannt.

249 Auch diese Stelle zeigt die Konfrontation des Konfuzianismus mit daoistischen Auffassungen und Verhaltensweisen. Es ist der Appell zur Weltflucht, die pessimistische Reaktion auf die Zeitumstände. Die Antwort des Konfuzius verdeutlicht den Unterschied zwischen frühem Konfuzianismus und Daoismus.

250 Über Bo-yi und Shu-qi siehe Anm. 231. Zu Hui von Liu-xia siehe Kapitel XV,14 und Anm. 221 sowie XVIII,2. Über Yu-zhong, Yi-yi, Zhu-zhang und Shao-lian ist Gesichertes nicht bekannt.

251 Zu Zhi siehe auch Kapitel VIII,15.

252 Der Staat Qi lag nördlich von Lu und südlich vom Gelben Fluß. Der Staat Chu lag im Süden des damaligen China, er erstreckte sich bis südlich des Yang-tse. Cai war damals ein kleiner Staat im Mittelchina, nördlich von Chu, und Qin lag im Westen des damaligen Reiches. Im Text wird eine Verbindung zwischen der politisch-sozialen Unordnung und dem kulturellen Verfall in Lu hergestellt.

253 Zhou-gong, Herzog von Zhou, war der Bruder des Zhou-Königs

Wu und mit Lu „belehnt“ worden. Vom Sohn des Zhou-gong stammten die späteren Herrscher von Lu ab.

254 Es soll sich hier um vier Zwillingspaare gehandelt haben. Der Satz soll offensichtlich demonstrieren, welch fähige Männer die frühe Zhou-Zeit hervorgebracht hatte.

255 Zi-xia und Zi-zhang waren Schüler des Konfuzius. Da hier von den Schülern des Zi-xia die Rede ist, handelt es sich dabei um die „Enkelschüler“ des Meisters. Hier geht es offensichtlich bereits um die Situation der konfuzianischen Schule nach dem Tode des Konfuzius. Damit wird unterstrichen, daß dieses Kapitel relativ spät entstanden sein muß. Außerdem enthält es keinen einzigen direkten Ausspruch des Konfuzius.

256 „An das Naheliegende denken“ verstehen wir wie folgt: Es geht nicht um abstrakte Spekulation, sondern um die Bewältigung der konkreten Lebenswirklichkeit.

257 Offensichtlich gab es in der konfuzianischen Schule nach dem Tode des Meisters erhebliche Meinungsverschiedenheiten, möglicherweise auch einen Streit um die richtige „Verwaltung“ seines geistigen Erbes. (Siehe auch die folgende Stelle XIX,16.)

258 Aus dem Adelsgeschlecht der Meng (Meng-Sippe in Lu).

259 Letzter Herrscher der Shang-Dynastie.

260 Wen und Wu waren Herrscher der Zhou-Dynastie. Siehe Kapitel VIII,20 und Anm. 138 und 140.

261 Beamter im Staate Lu.

262 Siehe Kapitel XIV,36; Beamter in Lu.

263 Chen Zi-qin = Zi-qin in Kapitel I,10 = Chen Kang im Kapitel XVI,13. Möglicherweise ein Schüler des Konfuzius.

264 Li war der Name des ersten Herrschers der Shang-Dynastie.

265 Diese Worte soll Tang anläßlich der Niederwerfung der legendären Xia-Dynastie gesprochen haben (16. Jahrhundert v. u. Z.). Die Xia-Dynastie soll — genauso wie später die nachfolgende, von Tang begründete Shang-Dynastie — mit einem, des himmlischen Mandats unwürdigen, grausamen Tyrannen geendet haben. Aus dieser Situation erklären sich die hier angeführten angeblich von Tang gesprochenen Worte.

266 Offensichtlich wird hier auf das System der „Belehnungen“ angespielt, welches die der Shang-Dynastie nachfolgende Zhou-Herrschaft einführte und was eine der Ursachen für ihren Nieder- bzw. Untergang war.

267 Im allgemeinen wird angenommen, daß die folgenden Worte bis zum Ende des Abschnitts von Konfuzius selbst stammen. Diese Meinung wird bereits in den alten Kommentaren vertreten. Vgl. dazu die ähnliche Passage in Kapitel XVII,6.

268 Der Himmel wird als Synonym für politisch-moralische Normen gekennzeichnet. Das „dao“ = „der rechte Weg“ geht auf den

Willen des Himmels zurück. Da der „junzi" („der Edle") die Verkörperung des „dao" ist, muß er den Willen des Himmels kennen; ansonsten wäre er kein „jun-zi". Zugleich geht die Respektierung der sittlichen Regeln, der Regeln der sozialen Ordnung (li), auf den Willen des Himmels zurück. Der Wille des Himmels drückt sich in der rechten Lehre aus. Als Verkünder der rechten Prinzipien versteht sich Konfuzius selbst. Er verkündet sie mit Worten. Sie müssen richtig verstanden werden.

